웨인 다이어
Wayne W. Dyer

세계적으로 존경받는 심리학자이자 베스트셀러 작가. 웨인주립대학교에서 교육상담학 박사 학위를 받았고, 뉴욕 세인트존스대학교에서 학생들을 가르쳤다. 꿈, 인생, 행복 등에 대한 글을 쓰고 관련한 내용을 더 많은 사람에게 전하고 싶어 종신 교수직을 버

'행복한 이기주의자'라는 별

저서와 수많은 강연, TV와

하는 인생이 아닌 본인 자신

은 사람에게 깊은 영감과 :

만 부 이상 팔린 베스트셀러 《행복한 이기주의자를 비스하여 《인생의 태도》 《마음의 태도》 《우리는 모두 죽는다는 것을 기억하라》 《확신의 힘》 《인생의 모든 문제에는 답이 있다》 등 다수의 책을 집필했다. 웨인 다이어는 1940년에 5월 10일에 태어나 2015년 8월 29일에 심장마비로 세상을 떠났다.

옮긴이 안선희

성신여자대학교를 졸업하고, 현재는 번역 에이전시 엔터스코리아에서 전문 번역가로 활동하고 있다. 옮긴 책으로는 《즐겁게 아프기》 《세상에서 가장 재미있는 50가지 성경 이야기》 등이 있다.

21
Days
to

웨인 다이어의
인생 수업

Find
Success
and
Inner Peace

하루 10분, 21일 만에 끝내는

웨인 다이어의
인생 수업

웨인 다이어

안선희 옮김

김영사

차례　　　**시작하며** … *6*

저는 단 하루도 빠짐없이 늘 신에 대해 생각합니다. 단순히 생각하는 것 이상으로 제가 깨어 있는 대부분의 시간에 신의 현존을 경험합니다. 그럴 때면 이 책으로는 전달하기 어려운 흡족하고 만족한 감정을 느끼지요. 저는 제 삶에서 영적 평화를 알기에 이르렀고, 이 앎으로 제 모든 걱정, 문제, 성취, 부의 축적이 더 이상 중요치 않게 되었습니다. 저는 이 책에서 '성공'과 '내면의 평화'에 이르는 원리에 대해 자세히 설명할 겁니다. 이 원리들은 제가 일상을 살면서 훈련하고 숙달한 것이니, 이를 따르면 당신도 평온함을 얻을 수 있을 겁니다.

깨어 있는 의식으로 자신의 삶을 살기로 결정한 사람이라면, 이 원리들은 누구에게나 가치가 있습니다. 우리는 각자의 시간표에 따라 그러한 결정을 합니다. 그 결정의 시기는 어떤 이에게는 젊을 때 오기도 하고, 또 다른 이에게는 중년이나 더 성숙한 때에 오기도 하지요. 당신이 이제 막 삶을 시작했든, 인생의 끝에 다가가는 단계에 있든, 여하튼 인생의 여정 어느 한 부분에서는 이러한 원리들을 적용하게 될 겁니다.

이런 부류의 책들은 대부분 최선을 다해 일하기, 헌신, 재정 계획, 인간관계 전략, 적절한 직업 선택, 경청, 규칙 존중, 현실적인 목표 설정, 건강한 생활 습관, 감사하는 태도 등의 중요성을 강조합니다. 이러한 조언은 지혜를 얻고자 하는 이들에게는 분명 유익하지요. 그런데 평생 교사이자 여덟 아이의 아버지로 살아온 저에게는 하나의 의문이 있습니다. '진짜 그게 다일까?'

그래서 저는 목표 정하기, 목표를 향해 끊임없이 전진하기, 재정적으로 미래 계획하기, 타인의 말 경청하기, 타문화 존중하기 등에 관해서는 조언하지 않으려 합니다. 사실 저는 항상 제 마음이 느끼는 충동에 귀를 기울여왔습니다. '남들이 가지 않은 길'을 택하고 문화에 저항한 대가를 치르면서 말이지요. 그랬던 제가 이제 와서 규칙을 따르라고 말한다면 다소 위선적일 수 있겠지요. 대신 제가 당신에게 말하려는 것은, 당신의 영spirit이 스스로를 인도하는 원리입니다.

수십 년 동안 다양한 사람과 함께 일한 제 경험에 따르면, 수많은 이가 익명의 무리가 되기를 선택함으로써, 스스로 실패했다고 여기고 갈등과 원망으로 가득 차 있으며 삶의 의미를 모른 채 방황하고 후회하고 있습니다.

저는 부디 당신이 그런 부적절한 감정을 피할 수 있기를 바라며 이 책을 썼습니다. 당신이 내면의 평화를 느끼며 진정한 성공의 의미를 규명할 수 있기를 바랍니다. 열린 마음으로 이 책을 읽고 당신에게 울림을 주는 원리들을 삶에 적용하고, 그렇지 않은 것은 버리시길 바랍니다.

당신이 스스로 성공했고 평화롭다고 느낀다면, 평화와 사랑을 더 확장하고 전하기를 바랄 겁니다. 우리가 사는 세상에 폭력과 증오, 선입견이 가득하다는 것은, 아직 인류가 내적·외적 평화에 다다르기에는 갈 길이 멀었다는 방증이라 할 수 있습니다.

모든 사랑과 희망을 당신께 보냅니다.

Day 1

모든 것을 향해 마음 열기

성공과 내면의 평화에 이르는 가장 근본적인 열쇠는, 삶
속에서 일어날 무한한 가능성을 활짝 열린 태도로 맞이하
는 겁니다. 이것이 우리가 오늘 다룰 주제입니다.

모든 것에 열린 마음을 갖는다는 건 쉬워 보일 수 있습니
다. 자신이 속한 환경과 조건들을 떠올리기 전까지는요.
삶을 영위하고 있는 장소, 즉 지리적인 여건, 조상 대대로
내려온 종교적 신념, 피부색, 부모의 정치적인 성향, 키와
몸무게, 성별, 출신 학교, 가업 같은 외부적인 것이 당신
의 가능성을 제한하고 있지는 않나요? 이런 것들이 현재
당신의 사고방식에 얼마나 큰 영향을 미치고 있는지 다시
한번 생각해볼 필요가 있습니다.

우리는 무한한 잠재력을 실현할 수 있는 어린아이로 이

세상에 등장했습니다. 수많은 선택을 해왔으나 그 가운데 많은 곳이 아직 탐험하지 못한 미지의 영역으로 남아 있습니다. 당신을 길러주신 분들은 당신을 위해 심사숙고해서 프로그램을 잘 짜놓았겠지요. 그 덕분에 당신이 속한 문화에 잘 적응할 수 있었을 겁니다. 하지만 반대로 자신을 둘러싼 문화적·사회적 관습에 대해, 사실 난 동의하지 않는다고 말할 기회조차 얻지 못했을지도 모릅니다.

그동안 살아오면서 열린 마음으로 도전하라는 어른들을 만났을 수도 있습니다. 한데 자신에게 솔직해져보세요. 삶의 철학, 종교적 신념, 옷 입는 방식, 말하는 언어 등, 이 모든 것은 이미 사회적으로 옳다고 결정되어 물려받은 유산 아닌가요? 만약 이미 결정된 이런 조건들에 당신이 도전하려고 한다면, 훨씬 더 큰 목소리를 들을지도 모릅니다. 제자리로 돌아가서 '네가 항상 하던 대로' 하고 살라고요. 그렇게 당신은 새로운 사고에 열린 마음을 갖는 대신, 기존 세계에 적응하도록 요구받았던 겁니다.

어떤 이유에서 우리 선조들이 열린 마음을 기르지 못했는지는 몰라도, 어쨌든 그들은 우리가 현재 사는 세상보다 인구가 훨씬 적은 시대에 살았습니다. 하지만 우리는 이렇게 인구가 넘쳐나는 시대에 살고 있으니, 더 이상 닫힌 마음으로 오래된 방식만을 고집하며 살 수는 없습니다.

'모든 것'은 그 자체로 의미가 있습니다. 예외는 없습니다. 누군가 당신을 둘러싼 상황과 상충되는 무언가를 제안했다고 칩시다. 당신은 보통 이렇게 반응할 겁니다. "말도 안 돼요. 그게 불가능하다는 건 모두 알걸요." 이때 그렇게 반응하는 대신에 다음과 같이 말해보세요. "지금까지 한 번도 그렇게 생각해본 적이 없긴 한데, 한번 고려해볼게요"라고요. 사람들이 가진 모든 생각에 열린 태도를 가지세요. 처음에는 미친 짓이고 터무니없다고 느껴지는 계획과 생각 들에도 열린 자세를 갖고 경청하세요. 누군가가 보석으로 치질을 고칠 수 있다고 하거나, 천연 허브가 콜레스테롤 수치를 낮출 수 있다고 하거나, 인간이 언젠가 물속에서도 숨을 쉴 수 있다고 하거나, 공중 부양할 수 있다고 말할 때도 호기심을 지니고서 일단 들어보기 바랍니다.

모든 가능성에 마음을 열고, 고정관념에 따라 살도록 압박하는 모든 요구를 물리치며, 일체의 비관적인 생각이 당신의 의식에 발붙이지 못하도록 저항하세요. 모든 것에 대한 열린 태도는 개인과 세계의 평화를 위해 선택할 수 있는 가장 중요한 원칙 중 하나입니다.

비관론자가 될 만큼 세상을 잘 아는 사람은 없다

단단한 씨앗에서 아주 여리디여린 연둣빛 새순이 나오는 모습을 한번 지켜보세요. 그 광경에서 경이로움을 느끼게 될 겁니다. 페르시아의 신비주의 시인 루미Rūmī는 "너의 영리함을 팔아 당혹감을 사라"고 했습니다. 새순이 나오는 장면은 곧 삶이 시작됨을 의미합니다. 지구라는 행성에 사는 인간 가운데 그 누구도 이런 현상이 어떻게 일어나는지 잘 알지 못합니다. 심지어 아주 작은 단서조차 모르지요. 생명을 싹트게 하는 그 창조적인 불꽃은 무엇일까요? 무엇이 관찰자, 심지어 의식, 관찰, 지각 그 자체를 창조했을까요? 이런 질문은 한도 끝도 없습니다.

최근 우주를 연구하는 과학자들은 원격 제어를 통해 화성에 있는 탐사선을 움직입니다. 10분 만에 도달한 보이지 않는 신호가 탐사선을 우회전시키고 화성 표면에 있는 흙을 한 줌 뜨도록 지시할 수 있지요. 이런 기술적 업적이 경이롭지 않나요? 하지만 잠시 생각해보세요. 끝없이 펼쳐지는 광활한 우주에서 지구와 가장 가까운 행성인 화성으로 탐사선을 보낸 거리는, 당신이 읽고 있는 책의 길이와 별반 차이도 없을 겁니다. 그런데도 우리는 이웃 행성에서 작은 탐사선을 움직인 데 대해 깊은 감명을 받았습니다.

우리가 사는 은하계에만 수십억 개의 별들이 있고, 우리 은하 밖에는 셀 수 없이 많은 은하계가 있습니다. 그렇다면 지구는, 무한하고 감히 다 이해하기 어려울 정도로 방대한 우주의 한 점일 뿐입니다. 생각해보세요. 우리가 우주의 끝을 찾았다면 그 우주의 끝자락엔 벽이 있을까요? 그렇다면 그 벽은 누가 지었을까요? 훨씬 더 혼란스러운 질문으로 확장해보면, 그 벽 너머엔 무엇이 있고, 그 세계는 또 얼마나 클까요?

이렇듯 사실 우리는 이 세상에 대해 아는 것이 거의 없습니다. 그런데 어떻게 비관론자로 살 수 있는 겁니까? 임신한 지 몇 주 지나면 새 생명의 심장이 뛰기 시작합니다. 어떻게 그럴 수 있을까요? 이 또한 지구에 사는 우리 모두에게 완전히 신비로운 일입니다. 우리가 모르는 것과 알고 있다고 생각하는 것을 비교해보면, 스스로 그저 수정란에 불과한 존재임을 깨달을 수 있지요. 이제 살아가면서 어떤 일을 해결하려면 절대적으로 확실한 한 가지 길을 따라야 한다고 우기는 사람들을 만난다면, 이 사실을 꼭 기억하길 바랍니다.

그리고 비관론자가 되지 않도록 온몸으로 저항하세요. 우리 스스로 알고 있다고 생각하는 것에 비해 실제로 아는 것이 거의 없기 때문이지요. 생각해보세요. 200년 전에 살았던 비관론자가 현재 우리가 사는 세상을 상상이나 했을까요? 우주선, 인공위성, 비행기, 자동차, TV, 리모컨, 인터넷, 컴퓨터, 로봇, 전화기, 휴대폰 등, 우리가 누리는 이 모든 진보와 성장과 창조성이 풍성한 열매를 맺을 수 있었던 이유는, 바로 열린 마음이라는 기폭제가 있었기 때문입니다.

당신의 미래는 어떻게 펼쳐질까요? 당신이 14세기로 시간 여행을 하는 것을 상상해볼 수 있나요? 기계의 도움 없이 공중에서 날 수 있다는 생각은요? 텔레파시로 의사소통하고, 자신을 분자 단위로 쪼개어 다른 은하계로 재배열한다는 생각은요? 양을 찍은 사진에서 또 다른 양을 복제하는 모습을 상상할 수 있을까요? 열린 마음은 탐험하고 창조하며 성장할 수 있는 계기를 마련합니다. 닫힌 사고는 그 어떤 창조적인 생각도 하지 못하게 아예 문을 닫아버리지요. 그러므로 우리가 항상 살아왔던 방식만을 고집한다면, 그런 발전은 결코 불가능하다는 것을 기억하세요. 삶의 진정한 기적은 무한한 잠재력에 마음을 열 때 일어납니다.

기적을 불러오는 마음가짐

자신의 창조력이 보잘것없다고 여기는 마음을 뿌리치세
요. 미켈란젤로가 말했습니다. 우리에게 가장 위험한 것
은 희망하는 목표가 너무 높아서 도달하지 못하는 것이
아니라, 너무 낮아서 쉽게 성취해버리는 것이라고 말입니
다. 무슨 일이 닥치더라도 활활 타오르는 촛불이 당신 내
면에 있다고 상상해보세요. 이 내면의 불꽃이 당신의 삶
에 기적을 일으킬 수 있다는 생각을 분명히 하면서요.

앓고 있던 병이 자연적으로 치유되거나 절대 극복할 수
없을 것 같던 문제가 해결되는 기적이 일어날 때, 이를 경
험한 사람의 성격은 완전히 뒤바뀌게 됩니다. 인생관을
새로 쓰게 되는 거지요. 신이 행한 것 같은 기적을 경험하
려면 자신을 신과 같은 존재로 인식해야 합니다. 성경에
는 이렇게 적혀 있습니다. "하느님이라면 무슨 일이든 할
수 있다." 이 말이 암시하는 바가 무엇일까요? 모든 것에
열려 있는 마음은, 평온하고 사랑으로 가득하며 용서를
실천하고 관대하며 모든 생명을 존중하고, 무엇보다 자신
이 상상하는 모든 것을 할 수 있다는 생각을 갖는 것을 의
미합니다. 언제 어디서나 누구든지 기적을 일으키는 데
활용되어온 모든 우주적인 원리는 여전히 책에 남아 있습
니다. 그것은 결코 폐기된 적이 없으며, 앞으로도 그럴 겁

니다. 당신은 기적을 일으킬 수 있는 동일한 에너지와 신의식을 갖고 있으며, 오직 자신 안에서 그것을 진정으로 믿고 깨달을 때 기적을 가져올 수 있습니다.

자신이 생각하는 것이 확장된다는 것을 이해해야 합니다. 사람은 생각하는 대로 살기 마련입니다. 당신이 의심으로 가득 차 있고 마음이 닫혀 있다면, 당연히 폐쇄적인 생각에 따라 행동하게 될 것이고, 당신이 있는 모든 곳에서 그 생각의 증거를 볼 수 있게 될 겁니다. 반면에 모든 것에 열린 마음을 갖기로 결심한다면, 당신은 그 내면 에너지에 따라 행동하게 될 것이고, 당신이 어디에 있든 기적을 일으키는 사람이 될 겁니다. 미국의 위대한 시인 월트 휘트먼Walt Whitman이 말한 "내게는 우주의 모든 것이 기적이다"의 의미를 경험하게 될 거예요.

우리가 항상 살아왔던 방식만을 고집한
다면, 그런 발전은 결코 불가능하다는 것을 기
억하세요. 삶의 진정한 기적은 무한한 잠재력에
마음을 열 때 일어납니다.

Day 2

어디에도 집착하지 않기

일단 당신이 모든 것에 열린 마음을 갖기로 결정했다면, 다음 단계는 당신의 모든 집착을 흘려보내는 겁니다. 우리는 오늘 이 주제를 살펴보려고 합니다.

집착을 흘려보내는 데 가장 좋은 출발점은 그동안 당신이 믿도록 훈련받은 모든 생각을 다시 살펴보는 겁니다. 모든 가능성에 대해 당신의 마음을 열어보세요. 어떤 것이 가능하다고 믿든 불가능하다고 믿든, 결과적으로 당신은 스스로 옳았다고 판단하게 됩니다. 어떻게 그럴 수 있을까요? 세상을 어떻게 보고 무엇이 가능하다고 믿는지에 따라 당신의 미래가 결정되기 때문입니다. 당신 스스로 부자가 될 수 없고, 유명해질 수도 없으며, 예술적인 재능도 없고, 전문적인 운동선수든 위대한 가수든 뭐든 아무것도 될 수 없다고 확신한다면, 그 믿음은 당신이 실제로 될 수 있는 것도 결국 실현하지 못하도록 가로막을 겁니다. 결국 당신이 애쓰는 모든 노력에서 남는 것은 옳고 그름에 관한 것뿐입니다. 당신이 옳아야 한다고 생각한다면, 이는 과거와 현재의 방식에 집착하고 있다는 뜻이고, 미래도 그 방식 그대로 유지될 것이라는 생각에 매몰되어 있는 겁니다.

집착 내려놓기

당신의 집착이 모든 문제의 근원입니다. 항상 옳아야 한다고 생각하고, 사람이든 사물이든 소유하려고 하며, 어떤 대가를 치르더라도 이기려 하고, 다른 사람보다 우월하다는 시선을 받기를 바라는 이 모든 것이 집착입니다. 열린 마음은 이런 집착을 내려놓게 함으로써 내면의 평화와 성공을 경험하며 누릴 수 있게 합니다.

당신이 평화로운 생각을 유지한다면 평화로운 감정을 누리게 될 것이고, 그러면 당신이 있는 모든 상황에서 평화로운 태도로 살게 됩니다. 반면 당신이 항상 옳아야 한다는 생각에 집착하거나, 평화롭고 성공하기 위해 무언가가 꼭 있어야 한다고 여긴다면, 당신은 노력하고 애쓰지만 결코 원하는 것을 얻지 못하게 될 겁니다.

집착에서 벗어나려면, 자신을 바라보는 관점을 바꿔야 합니다. 자기 자신에 대한 기본적인 관점이 신체나 소유 등과 연결되어 있다면, 당신의 에고ego가 삶에서 주도권을 가지게 됩니다. 당신이 에고를 충분히 길들일 수 있다면, 당신의 영이 삶을 주도해나가는 힘이 될 겁니다. 영적인 존재로서 당신은 자신의 몸을 관찰하여 자신의 존재에 대한 자비로운 증인이 될 수 있습니다. 당신은 영적인 측면을 통해 자신의 어리석은 집착을 볼 수도 있는데, 이는 영적인 자신이 무한한 영혼이기 때문이지요. 그 무엇도 당신을 행복하게 하거나 성공하게 만들 수는 없습니다. 그런 것은 바로 당신의 내면에서 만들어진 산물로서 세상으로 나오는 것이지, 세상으로부터 얻는 것이 아니기 때문입니다.

그러나 집착을 내려놓는 것은 소비중심사회에서, 특히나 소유라는 측면에서 쉽지 않습니다. 이 세상에서 더 크고 더 좋고 더 많은 것을 사라는 강력한 광고의 포격을 끊임없이 받고 있기 때문이지요. 그런 메시지를 이겨내는 첫 번째 단계는, 현재 상황을 알아차리고 당신이 행복해지기 위해 다른 어떤 것도 더 이상 필요하지 않다는 사실을 깨닫는 겁니다. 이러한 경구를 끊임없이 되뇌어야 할지 모릅니다. "아무것도 나를 행복하게 할 수는 없어. 행복은 돈으로 사는 게 아니라 내가 삶으로 가져오는 것이다." 이렇게 알아차리면 짜증 나게 하는 모든 광고의 소음을 줄여주는 동시에, 자신의 창의성을 즐길 수 있게 됩니다. 에고의 소리에서 벗어나 영과 하나가 되기 때문이지요.

자신에게 더 많은 것이 필요하다고 몰아가는 확신에서 자유로워지세요. 그렇다고 세상이 주는 물질적인 즐거움을 누리지 말라는 뜻은 아닙니다. 달리 말해, 자신에게 더 많은 것이 필요 없다는 사실을 알고 있어도, 당신에게는 행복하게 살 자유와 세상을 있는 그대로 즐길 자유가 있습니다. 저는 이 둘 사이를 명확하게 구분하고 싶습니다. 당신은 고급 브랜드의 자동차와 옷, 좋은 식당에서 하는 식사, 값비싼 보석 등 어떤 것들도 즐길 수 있습니다. 그렇다 해도 당신이 더 많이 소유해야만 참된 본질을 채울 수 있다는 잘못된 믿음만은 버리시길 바랍니다. 또한 당신은 이런 '잡동사니'가 당신의 가치를 규정하려 하는 것을 경계해야 합니다. 광고주들이 끊임없이 그 의미를 전달하려고 하겠지만 말입니다.

저는 뭔가를 갖고 싶어 한다는 사실을 알아차릴 때, 물질에 대한 집착이 줄어든다는 것을 깨달았습니다. 아시겠지만, 더 많이 가진다는 것은 더 많은 짐을 안고 살아간다는 의미일 뿐이니까요. 유지해야 하고, 보험도 들어야 하고, 먼지도 털어줘야 하고, 세금 공제를 받는지도 확인해야 하고, 결국엔 또 버리느라 힘을 써야 합니다. 최근에 저는 광고에 맞설 때 유쾌함을 느끼기까지 합니다. 광고가 나오면, 저는 '영적 음소거 버튼'을 누릅니다. 그렇게 하고 나면, 어떤 특정 브랜드가 제 삶의 가치를 올려준다는 그 메시지에 오히려 면역이 된 것 같아 더 행복해지기까지 합니다.

내 안의 비전 믿기

강렬한 욕구를 가지고 있으면서도 집착하지 않을 수도 있습니다. 당신이 실현하고 싶은 내면의 목표를 추구하면서 여전히 결과물에서 자신을 분리할 수 있는 거지요. 어떻게 그럴 수 있을까요? 이런 고찰은 헬렌 슈크만Helen Schuman의 《기적 수업A Course in Miracles》을 통해 알 수 있습니다. "무한한 인내는 즉각적인 결과를 만들어낸다." 이말은 매우 역설적으로 들리지 않나요? 무한히 인내하려면, 당신이 실현하고 싶은 것이 완벽한 질서 속에서 정확한 시간에 드러난다는 절대적인 확신이 필요하지요. 즉 이런 내면의 앎이 있다면 당신은 즉각적으로 평화를 누릴 수 있습니다. 결과에 집착하지 않을 때, 당신은 평화에 이를 것이고, 결국 확신의 열매를 보게 될 겁니다.

자, 여기 당신이 선택할 수 있는 마법 지팡이가 두 개 있다고 상상해보세요. 첫 번째 지팡이를 흔들면 물리적으로 원하는 것을 가질 수 있습니다. 두 번째 지팡이를 흔들면 어떠한 환경과 상황이 닥치더라도 죽을 때까지 평화를 누릴 수 있습니다. 어떤 지팡이를 고르실 건가요? 물질을 보장받길 원하시나요, 아니면 남은 인생 동안 내면의 평화를 누리기를 원하시나요? 당신이 평화를 선택했다면 이미 두 번째 지팡이를 가지고 있는 겁니다. 그저 모든 것을 향해 마음을 열고 아무것에도 집착하지 않는 마음을 가지세요. 모든 것이 자연스럽게 오고 가도록 내버려두세요. 모든 것을 즐기되, 당신의 평화와 성공을 어떤 물건이나 장소, 특히 사람에게 의존하고 집착하지 말기를 바랍니다.

모든 관계에서, 어떤 기대나 집착 없이 상대방이 스스로 선택한 모습 그대로를 허용할 수 있을 만큼 사랑할 수 있다면, 평생 참된 평화를 누릴 수 있습니다. 진정한 사랑은 존재하는 그대로를 사랑하는 것이지, 상대방이 이러이러하게 되었으면 하고 바라는 당신의 생각에서 비롯되는 것이 아닙니다. 이것이 바로 열린 마음이고 집착이 없는 상태입니다.

당신이 항상 옳아야 한다는 생각에 집착하거나, 평화롭고 성공하기 위해 무언가가 꼭 있어야 한다고 여긴다면, 당신은 결코 원하는 것을 얻지 못하게 될 겁니다.

Day 3

내 안의 음악을 죽이지 말라

"사람은 자신의 일을 가슴에 품고 태어난다." 시인 칼릴 지브란Kahlil Gibran이 말했습니다. 그러면 당신의 일은 무엇인가요? 당신은 가슴이 이끄는 대로 살고 있나요? 이것이 오늘 우리가 살필 주제입니다.

우리가 살고 있는 세상에서는 꽤 지능적인 시스템이 돌아가고 있습니다. 그 시스템 안에서 우리는 조화롭게 맞물려 움직이고 있습니다. 모든 것을 지원하고 조율하는 우주적인 생명의 동력이 있다고 할 수 있지요. 여기선 모든 것이 함께 완벽한 조화를 이룹니다. 당신도 이 세상을 움직이는 동력 중 하나라고 할 수 있지요. 당신은 여기 육체 안에 존재하면서 정확한 때에 맞춰 모습을 드러냈습니다. 이후 당신의 육체 또한 마찬가지로 정확한 시간에 여기를 떠날 겁니다. 당신은 복잡하게 돌아가는 이러한 시스템에서 본질적으로 중요한 한 부분입니다. 그 시스템은 지적이며 시작도 끝도 없습니다. 그 안에서 은하계의 모든 존재가 서로 조화를 이루며 움직입니다. 당신이 여기 존재하는 데는 틀림없이 어떤 이유가 있는 거예요!

마음에 귀 기울이기

지금 당장 손가락으로 당신 자신을 가리켜보세요. 당신의 손가락이 바로 당신의 심장을 향하지 않았나요? 당신의 뇌가 아니고 심장 말입니다. 이것이 바로 당신입니다. 끊임없이 규칙적으로 박동하는 심장은 항상 현존하는 신의 심장 박동, 즉 우주의 지성과 무한히 연결되어 있음을 상징합니다. 당신의 좌뇌는 당신을 위해 계산하고 추리해내고 분석하고 가장 논리적인 결정을 하지요. 즉 좌뇌는 생각하는 기능을 담당합니다. 이와 반대로 당신의 우뇌는 직관적인 면을 대표합니다. 이성과 분석을 뛰어넘는 부분이지요. 당신이 사물을 느끼게 하고, 사랑에 반응하게 하며, 당신에게 중요한 것에 감정적으로 대하게 합니다. 우뇌는 사랑하는 자식에게 안 좋은 일이 생겼을 때 당신의 마음을 찢어놓기도 하고, 이와 반대로 영광스러운 날 그 아름다움을 풍성히 누리게 하기도 합니다. 즉 좌뇌는 분석하고, 우뇌는 느끼게 합니다.

어떤 상황을 가정해서 자신에게 물어보세요. 알고 있는 것과 느끼는 것 중 어느 것이 더 중요한지요. 일반적으로 어떤 일이 생기면 맨 처음으로 자신을 둘러싼 상황과 환경을 살필 겁니다. 어떤 상황이 너무 어려워 가슴이 무너져 내릴 때나 기대 이상으로 황홀한 일이 생길 때, 어떻게 행동해야 하는지 지적인 능력을 사용해 그 상황을 판단할 수 있습니다. 그러고 나면 아는 것 말고 느끼는 감정들이 올라옵니다. 두렵거나 무섭거나 외롭거나 혹은 반대로 엄청 신나거나 사랑에 가득 차거나 황홀함 같은 좋은 감정들을 느낄 때, 당신은 이런 주도적인 감정들의 힘으로 실제로 어떤 행동을 하게 되지요. 이럴 때는 당신의 우뇌가 옳습니다. 우뇌는 목적을 성취하도록 항상 우리를 열정적으로 이끌어주니까요.

우뇌 소리에 귀 기울이기

직관적이고 보이지 않는 한 존재가 항상 당신과 함께합니다. 저는 이 존재를 잔소리가 심한 작은 생명체라고 상상합니다. 당신의 오른쪽 어깨 위에 앉아서 당신이 목적을 상실할 때마다 계속 상기시켜주지요. 이 작은 친구는 바로 당신의 '죽음'입니다. 지금 여기에 왜 존재하는지 잊지 않게 하면서 앞으로 계속 나아가게 합니다. 당신이 일을 할 수 있는 날이 그리 많이 남지 않았기 때문이지요. 언젠가 당신의 육체는 이곳을 떠나게 됩니다. 그 때문에 당신의 보이지 않는 동료는 당신을 계속해서 자극하지요. 누군가가 당신의 삶에 끼어들어 열정과 상관없는 것을 하라고 요구할 때, 남은 날을 낭비하지 않도록 말입니다.

좌절을 겪으면서 목적에서 멀어질 때, 당신은 그 사실을 알아차리게 됩니다. 하지만 이를 안다고 해서 항상 행동으로 옮기게 되지는 않습니다. 우뇌가 아는 것을 기꺼이 행동으로 이끌어낼 용기가 좌뇌에는 없기 때문입니다. 직관적인 내면의 목소리는 당신 안의 음악이 사라지지 않고 계속 이어지도록 용기를 북돋습니다. 그렇지만 당신의 좌뇌는 이렇게 말하지요. '잠깐만, 조심해. 그렇게 위험을 무릅써서는 안 돼. 넌 실패할지도 몰라. 네가 하려는 일이 다른 사람들을 실망시킬 수도 있어.' 그러면 우뇌에 있는 보이지 않는 친구(당신의 죽음)는 훨씬 더 크게 당신의 꿈을 계속 따라가라고 외칩니다. 그 소리는 점점 더 커져서 당신이 꿈을 좇도록 격려하지요.

좌뇌가 하는 말만 들으면, 결국 매일 아침 군중 속에 섞여 무심히 출퇴근하는 직장인이 될 겁니다. 널리 알려진 노래 가사처럼, 돈을 벌어 공과금을 내고, 다음 날 아침 일어나 또 그 일을 계속해서 반복하겠지요. 그러는 동안 당신의 내면에 있던 훌륭한 노랫소리는 희미하게 사라져서 거의 들리지 않는 지경에 이르게 됩니다. 그러나 보이지 않는 당신의 친구가 그 음악을 듣고 있고, 당신을 끊임없이 격려하고 있습니다.

당신 안의 음악 소리가 희미해져가면 주의를 돌리기 위해 궤양이 생길 수도 있습니다. 포기하려는 부정적인 생각을 없애버리기 위해 불이 날 수도 있으며, 숨 막히게 돌아가던 직장에서 해고될 수도 있고, 사고가 나서 무릎을 다칠 수도 있습니다. 보통 이런 사고나 질병과 같은 각종 불행한 일들이 일어나서야, 결국 당신은 주의를 환기하게 됩니다. 하지만 항상 그런 것도 아닙니다. 어떤 이들은 톨스토이 소설에서 나오는 인물 이반 일리치처럼 인생을 마감합니다. 임종할 때 번민 속에서 괴로워하며 "내 인생이 통째로 잘못되었다면 어떻게 하지?"라고 말하게 되는 거지요. 실로 무시무시한 장면이 아닌가요?

당신이 그와 같은 운명을 선택할 필요는 없지 않을까요? 우뇌를 따르세요. 당신이 느끼는 바에 귀 기울이면서, 자신만의 고유하고 독특한 음악을 연주하세요. 그 어떤 것이든 그 누구든, 두려워할 필요가 없습니다. 그러면 죽음을 앞둔 어느 날, 침상에서 인생이 통째로 잘못되었을지도 모른다고 회의가 드는 그런 무시무시한 경험을 하지 않아도 됩니다. 당신의 보이지 않는 친구는 오른쪽 어깨 위에 앉아서 당신이 목표에서 멀어지는 행동을 할 때마다 당신을 자극할 겁니다. 그 자극을 통해 자신의 음악을 알아차리게 됩니다. 보이지 않는 친구의 목소리에 귀를 기울이고, 들려오는 그 음악을 표현하세요. 당신에게 요구하는 주위 사람들의 소리를 무시하세요. 헨리 데이비드 소로Henry David Thoreau는 이렇게 말했습니다. "누군가가 함께 걷는 사람들과 보폭을 맞추지 않는다면, 그는 어쩌면 자신의 내면에서 다른 북소리를 듣고 있기 때문일 것이다. 그 북소리가 자로 잰 듯 정확하든 그렇지 않든 간에, 자신의 귀에 들리는 바로 그 북소리에 맞춰서 걷도록 하라."

내면의 음악을 연주하려고 하면, 다른 주변의 사람들은 당신에게 배신당했다고 느낄 수도 있습니다. 그렇다 할지언정 이 길을 택해야 당신 자신의 음악을, 당신의 목적을 배신하지 않을 수 있습니다. 이 점을 꼭 기억하세요. 당신이 완전하고 온전함을 느낄 수 있도록 알고 있는 것을 하세요. 자신의 운명을 성취하도록 행동하세요. 내면에 있는 음악을 밖으로 내어 연주하기 전까지는 내면의 평화를 이룰 수 없습니다. 자기 안의 음악이 연주되지 못한 채로 최후의 날을 맞지 않길 바랍니다.

우뇌를 따르세요. 당신이 느끼는 바에 귀 기울이면서, 자신만의 고유하고 독특한 음악을 연주하세요. 그 어떤 것이든 그 누구든, 두려워 할 필요 없습니다.

Day 4

열정을 가진다는 건
위험을 감수하는 것

어제 우리가 살펴봤듯이, 진정한 운명을 성취하려면 자신의 직관을 따라야만 합니다. 물론 그렇게 하지 않아도 그저 편안한 삶은 영위할 수 있을지 모릅니다. 공과금을 내고, 서류를 올바르게 작성하고, 교과서에 나온 내용에 따라 그대로 살 수도 있겠지요. 그러나 그건 다른 사람이 쓴 책입니다. "이게 보기에는 맞는 거 같긴 한데, 진짜 그럴까? 너를 위해 선택된 길을 따라가는 데 열정이 있긴 한 거야?"라고 옆에서 잔소리하는 친구가 있다는 것을 알고 있을 겁니다. 많은 사람이 다음과 같이 대답합니다. "어떻게 하면 나의 열정을 찾을 수 있을까?" 오늘은 당신이 이 질문에 대답할 수 있게 도움을 드리고자 합니다.

자신에게 가장 크게 영감을 주는 것에서 열정을 찾을 수 있습니다. 그러면 '영감inspire'이라는 단어는 무슨 뜻일까요? '영감'은 '영 안에서in spirit'라는 단어에서 파생되었습니다. 무엇인가에서 영감을 받을 때, 당신의 목적에 대해 결코 물어볼 필요가 없습니다. 이미 영감에 따라 살고 있기 때문이지요. 제 아이들을 예로 들어볼까요? 딸아이는 말을 타거나 마구간에 있는 것을 그렇게 좋아했습니다. 말에 타고 있을 때, 심지어 거름 냄새 나는 마구간을 청소할 때조차 무척 행복해했습니다. 다른 딸아이는 자기가 노래하고 작곡하고 연주할 때 영감으로 가득 찹니다. 두 살 때부터 그랬습니다. 또 다른 딸아이는 자기의 목적에 따라 예술 작품을 만들고 설계할 때 영감을 느낍니다. 또 다른 아이는 다른 사람을 위해 웹 사이트를 디자인하고 컴퓨터 프로그램을 만들 때 영감을 느낍니다. 제 경우엔 글을 쓰거나 연설을 하거나 사람들이 자기 자신을 믿고 독립하도록 돕는 프로그램을 개발할 때 열정을 느낍니다. 어린 소년일 때부터 그랬지요.

당신의 열정은 무엇인가요? 무엇이 당신의 잠자는 영혼을 흔들어, 이 세상에 태어난 이유를 완벽하게 깨닫게 하나요? 당신 가슴에 이 말을 들려주고 싶습니다. 그것이 무엇이든, 그 일을 함으로써 생계를 이어갈 수도, 동시에 타인을 위해 헌신할 수도 있습니다. 제가 장담합니다.

이런 열정에는 전염성이 있어서 다른 이들에게도 영향을

미칩니다. 예전에 고래를 관람하는 여행을 한 적이 있습니다. 거기서 만난 한 여성이 꽤 인상적이었습니다. 베스라는 이름의 가이드였는데, 혹등고래에 대해 관광객들에게 설명하던 장면이 생각납니다. 그 가이드의 열정이 너무나 뜨거워 배에 타고 있던 모든 사람에게 영향을 미칠 정도였습니다. 베스가 열정을 보일수록 관람객들에게 더 많은 영감을 주었습니다. 이후 다른 배도 탄 적이 있는데, 그 배에선 마지못해 소극적으로 설명하는 가이드를 만났습니다. 이처럼 낮은 에너지를 가진 사람들은 남에게 영감을 주는 인상적인 경험을 남기기 어렵지요.

베스는 고래 짝짓기 시즌 동안 매일 다른 이들에게 자기의 열정을 전달합니다. 매일 말입니다! 대학에서 해양 생물학을 전공한 베스는 알래스카와 하와이 사이를 오가며, 따뜻한 물에서 출산하기 위해 6개월 동안 먹이도 먹지도 않고 헤엄쳐 갔다가, 출산 후엔 다시 차가운 물로 돌아오는 혹등고래에 매료되었습니다. 베스에게 이런 혹등고래의 놀라운 능력은 신이 만들어낸 신비하고 경이로운 창조의 일부입니다. 베스는 자기의 열정에 따라 살고 있으며, 정열적인 모습으로 타인에게 영감을 줍니다. 사실 베스 주위 사람들은 모두 이 탐험의 진가를 압니다. 베스와 함께하는 이 여행을 통해, 관람객들은 단지 고래의 겉모습만 보는 것이 아니라, 고래가 춤추는 모습과 심지어 매우 가까이 다가와 배 아래서 수영하는 모습도 볼 수 있을 정도니까요. 마치 고래들도 베스의 흥분에 부응하는 것처럼 말입니다!

당신이 열정을 뿜어내며 살고 있다면, 그것이 무엇이든 주위에 영적인 신호를 전달하는 겁니다. 있는 그대로 자신을 사랑하고, 자신이 여기에 존재하는 이유를 사랑하며, 당신의 시야에 들어오는 사람들을 사랑하고 있음을 보이면서 말입니다.

당신이 열정적인 꿈을 이루지 못하게 막는 단 한 가지가 있다면, 바로 '두려움'입니다. 《기적 수업》에 따르면, 사람에게는 두 가지 기본 감정이 있다고 합니다. 하나는 '두려움'이고, 다른 하나는 '사랑'입니다.

다른 사람들이 인정하지 않을 때, 당신은 두려움을 느낄 수도 있습니다. 그 위험을 감수하세요. 그러면 타인의 인정을 갈구하지 않을 때 오히려 더 많은 인정을 받게 된다는 것을 알게 됩니다. 낯선 상황을 두려워할 수도 있습니다. 하지만 이 위험 또한 감수하세요. 사실 이런 두려움은 간단히 뛰어넘을 수 있습니다. 두려워서 망설이는 자신에게 물어보세요. '이게 잘 안 되었을 때 일어날 수 있는 가장 안 좋은 일은 뭐지?' 그 일이 잘 안 된다고 하더라도 당신이 굶어 죽거나 처벌받는 일은 없을 겁니다. 때로는 그 일이 잘되었을 때 두려워질 수도 있습니다. 당신이 그 일에 적당하지 않거나 한계가 있다는 생각에 젖어 살아왔다면 말이지요. 이런 말도 안 되는 생각에 도전하는 유일한 방법은, 당신이 현재 여기에 있는 이유를 향해 큰 자신감을 가지고 앞으로 나아가는 겁니다. 그러면 결국 성공이 당신을 따라오게 될 겁니다. 그러지 않으면 큰 두려움에 부딪히게 될 겁니다. 실패에 대한 두려움 말입니다.

실패에 관한 신화

이렇게 말하면 놀랄지도 모르겠지만, 무언가에 실패한다는 것 자체가 환상입니다. 당신이 하는 모든 일은 어떤 결과물을 만들어낼 뿐, 결코 실패한 것이 아닙니다. 캐치볼을 배운다고 칩시다. 상대가 던진 공을 받다가 떨어뜨릴 수 있습니다. 하지만 이것은 실패가 아닙니다. 그저 어떤 결과가 생긴 것뿐입니다. 진짜 문제는 당신이 만든 결과물로 어떤 판단을 내리느냐입니다. 원하지 않는 결과물이 나온 것을 두고 갖가지 이유를 대며 징징거리다가 포기하고 떠나겠습니까, 아니면 "다시 던져봐"라고 말하며 공을 잡을 수 있을 때까지 계속 연습하겠습니까? 실패는 판단입니다. 그저 단순한 의견에 불과합니다. 이는 두려움에서 비롯되며, 사랑으로 제거할 수 있습니다. 당신 자신과 당신이 하고 있는 것 그리고 다른 사람과 세상을 사랑하세요. 당신 안에 사랑이 있을 때, 두려움은 존재할 수 없습니다. 고대에서부터 내려오는 이런 조언의 의미를 생각해보세요. "두려움이 문을 두드렸다네. 사랑이 대답했더니 거기엔 아무도 없었다네."

위험을 감수하고 꿈을 좇아가도록 다그치는 내면의 음악은, 당신이 태어날 때부터 이미 가슴과 직관적으로 연결되어 있습니다. '열정 enthusiasm'이란 단어를 인식하면서 당신이 하는 모든 일에 최선을 다하세요. 그 '열정'이란 단어는 '신 enthos 안에서 iasm'란 뜻을 담고 있습니다. 당신 내면의 열정은 위험을 감수하더라도 고유한 당신만의 목적을 따르라는 신의 손짓입니다.

두려움을 초월해 사랑과 자존감을 받아들이면, 지각된 위험은 더 이상 위협이 되지 않습니다. 당신이 내놓은 결과에 타인이 비웃을 때, 당신도 같이 웃으세요. 스스로 존중할 때, 나중에 난처하고 곤란한 문제가 생겨도 자신에게 여유 있게 웃을 수 있습니다. 자신을 사랑하고 존중할 때, 누군가의 비난은 더 이상 두렵고 피해야 할 일이 아닙니다. 〈정글북〉으로 잘 알려진 영국의 소설가이자 시인인 러디어드 키플링 Rudyard Kipling은 이런 말을 했습니다. "만일 인생의 길에서 성공과 실패라는 두 사기꾼을 똑같이 대할 수 있다면 … 세상은 너의 것이며, 그 안에 있는 모든 것을 가질 수 있다." 여기서 핵심 단어는 '사기꾼'입니다. 이것들은 실재가 아닙니다. 오로지 사람들의 마음에만 존재할 뿐입니다.

당신이 왜 여기에 존재하는지 세상이 알게 하세요. 열정을 쏟아 그렇게 하세요.

이것은 실패가 아닙니다. 그저 어떤 결과가 생긴 것뿐입니다. 진짜 문제는 당신이 만든 결과물로 어떤 판단을 내리느냐입니다.

Day 5

내게 없는 것을 줄 수는 없다

우리는 자기 자신에게 없는 것을 누군가에게 나눠 줄 수 없습니다. 이런 자명해 보이는 말을 제가 굳이 왜 할까요? 삶에서 내면의 평화와 성공을 누리지 못하는 사람 대부분이 이런 단순한 진리를 깨치지 못했기 때문입니다. 그래서 오늘은 우리 자신에게 있는 내면의 자원을 살펴보고자 합니다.

우선 당신이 아는 사람들을 떠올려보세요. 그중에는 부정적인 에너지를 발산하는 사람들에게도 사랑으로 대하는 사람들이 있을 겁니다. 그런 상황에서 사랑으로 반응하는 사람들이 그리 많지는 않겠지요. 그런데도 그렇게 할 수 있는 건, 그들에게 줄 수 있는 사랑이 있기 때문입니다. 그들은 자신에게 없는 것을 남에게 베푸는 것이 불가능하다는 사실을 이미 알고 있습니다. 또한 그들은 자신들이 끌어오고 싶거나 주고 싶어 하는 것을 먼저 얻기 위해 수고를 아끼지 않습니다. 당신이 사랑과 기쁨을 주고받기를 원한다면, 스스로 갖고 있지 않은 것을 줄 수 없다는 사실을 명심하세요. 그러나 당신이 진심으로 바꾸길 원하고 노력한다면, 당신의 내면을 바꿈으로써 당신의 삶도 바꿀 수 있습니다.

내면에 있는 것 바꾸기

당신 내면의 현실에 대한 다음 개념을 깊이 생각해보세요. 당신의 생각이 당신의 현실을 만듭니다. 일상생활에서 어떤 상황이 발생했을 때 생각에 따라 반응하는 방법이 달라지기 때문입니다. 그런 반응은 당신의 내면에 있던 에너지가 외부로 표출되는 겁니다. 당신이 분노를 느낀다면, 몸 안에 분노라는 에너지가 있기 때문이지요. 우리가 살아가는 우주의 다른 것들과 마찬가지로, 당신의 생각은 에너지의 한 형태입니다. 당신이 느끼고 경험하는 모든 것은, 제가 '끌어당기는 에너지attractor energies'라고 부르는 것의 결과입니다. 이 말은, 당신이 세상에 내놓은 것을 되돌려 받는다는 뜻입니다. 그래서 당신이 끌어온 것이 있다면, 당신도 타인에게 주어야만 하는 거지요.

낮은 에너지는 낮은 에너지를 끌어당깁니다. 낮은 에너지를 가진 생각은 분노, 증오, 수치심, 죄책감, 두려움 같은 겁니다. 이런 것들은 당신을 약하게 할 뿐만 아니라 그러한 부정적인 것을 더 많이 끌어당깁니다. 반면 사랑, 조화, 친절함, 평화, 기쁨 같은 높은 에너지로 당신 내면의 생각을 바꾸면, 그러한 긍정적인 것을 더 많이 끌어당기게 되고, 그런 높은 에너지를 세상에 나눠 줄 수도 있습니다. 당신에게 힘을 주는 더 높고 빠른 주파수는 자동으로 낮고 느린 에너지를 무력화하고 사라지게 할 겁니다. 빛이 있으면 자동으로 어둠이 사라지는 것과 마찬가지지요.

나를 사랑하고 존중하기

자신을 더 사랑하면 더 높고 빠른 에너지를 끌어당기게 되고, 이것이 당신 안에 있는 것들을 바꾸기 시작합니다. 당신의 생각 속에서 내면의 목소리와 태도를 100퍼센트 당신만을 위해 가꾸세요. 오로지 자기 자신을 지지하고 사랑하는 모습을 상상해보세요. 하루 중 특별히 시간을 따로 내어 오로지 자신에게만 집중하고 생각해보세요. 1~2분 정도라도 그렇게 할 수 있다면, 이런 태도는 점차 다른 사람들에게로 확대될 겁니다. 이런 식으로 에너지를 주고받기 시작하면, 결국 사랑과 기쁨이 담긴 생각을 세상 모든 이와 모든 것에 보낼 수 있게 됩니다. 당신의 생각이 조롱과 증오와 죄책감 같은 낮은 에너지로 흘러갈 때, 바로 그 순간에 알아차리고 생각을 바꾸세요. 가능한 한 모든 순간에 그렇게 하세요. 당신의 생각을 바꿀 수 없다면, 알아차렸다는 사실 자체에 의의를 두고 그것을 해낸 자신을 사랑하세요.

당신이 가지지 않은 어떤 것도 줄 수 없다는 진리를 종종 되새기겠다고 스스로 다짐하세요. 그런 다음 자기 사랑, 자기 존중, 자기 권한 부여를 위한 개인적인 프로그램을 진행하고, 다른 이들과 나누고 싶은 것들을 적어서 목록을 만들어보세요.

제가 계속 배우고 실천에 옮기는 교훈 가운데 하나는, 우리가 어떤 에너지를 내보내느냐에 따라 우주도 같은 에너지로 반응한다는 사실입니다. 당신이 끌어당기고자 하는 사람들이 많이 있을 텐데, 그중엔 당신을 이용하고자 하는 사람들도 있을 겁니다. 이때 당신이 끌어당기는 것을 통해 혹시 다른 피해자를 만들고 있지는 않은지 살펴봐야 합니다. 당신이 버럭 화를 자주 내는 사람이라면, 당신 안에 있는 분노 가득한 생각을 자세히 살펴보아야 합니다. 당신의 의식이 끊임없이 받기만을 바라는 에너지를 발산한다면, 온갖 종류의 까다로운 에너지를 삶에 끌어당기게 될 겁니다. 마감 기한이 늘 부족해 쫓기거나 이것저것 요구하는 상사들이나 고객들을 만나 시달리게 되겠지요. 계속 받기만을 바라는 에너지를 내보내면, 당신은 그 보답으로 같은 것을 받게 될 겁니다.

당신이 주는 것이 자기 존중, 자기 사랑이라면, 끌어당기는 에너지를 통해 우주는 당신이 그동안 발산해온 사랑과 존중을 되돌려줄 겁니다. 아주 간단하지 않나요? 당신이 가지지 못한 것을 줄 수는 없습니다.

베푸는 모순

당신이 사랑의 표시로 이웃에게 오렌지 한 바구니를 주기를 원한다면, 이미 그 한 바구니 정도의 오렌지를 당연히 갖고 있어야겠지요. 당신을 대학에 보내주신 부모님께 감사의 표시로 새로운 자동차를 사드리려고 한다면, 먼저 그렇게 할 수 있는 재원을 마련해야 할 겁니다. 이와 마찬가지로, 당신 자신을 위한 어떤 사랑도 없다면 타인에게 사랑을 줄 수 없습니다. 당신에게 자존감이 부족하다면, 다른 사람을 존중할 수 없습니다. 당신이 불행하다고 느끼면, 행복을 나눠 줄 수 없습니다. 물론 그 반대도 마찬가지지요.

당신은 오직 자신이 가진 것만 줄 수 있습니다. 매일 누군가를 만나면서 당신의 개인적인 창고에 있는 것을 주고 있지요. 당신이 미움을 주고 있다면, 내면에 타인에게 줄 미움을 저장해놓았기 때문입니다. 당신이 고통을 주고 있다면, 이는 당신이 준비해둔 것이 그런 종류이기 때문입니다.

이런 개념은 오렌지의 즙을 짜는 것으로 비유할 수 있습니다. 당신이 오렌지즙을 짠다면, 항상 오렌지 주스를 얻게 될 겁니다. 누가 즙을 짜든, 어느 시간에 짜든, 어떤 도구를 사용하든, 오렌지를 짜는 상황이 어떻든 간에, 결국 오렌지 주스를 얻게 되지요. 나오는 것은 안에 있는 겁니다. 같은 논리가 당신에게도 적용됩니다.

누가 당신을 쥐어짠다고 했을 때, 예를 들어 어떤 방식으로 당신을 압박하거나 비호의적이고 비판적인 말을 할 때, 당신 안에서 분노, 미움, 비통함, 긴장, 우울, 불안 등이 나온다면, 이미 당신 안에 그런 것들이 있었기 때문입니다. 가지지 않은 것을 남에게 줄 수 없다는 말을 거꾸로 하면, 항상 가진 것을 준다는 말입니다. 타인에게 베풀고 헌신함으로써 당신의 목적을 바꾸고 싶다면 스스로 물어보세요. '내 안에 있는 건 뭘까?' '왜 나는 남들에게 주려고 이런 종류의 에너지를 쌓아왔을까?'

당신은 오직 자신이 가진 것만 줄 수 있습니다. 매일 누군가를 만나면서 당신의 개인적인 창고에 있는 것을 주고 있지요.

Day 6

목적은 헌신하는 것

당신이 제가 만나는 대부분의 사람과 비슷하다면, 자신이 살아가는 이유가 무엇인지 무척이나 알고 싶어 할 겁니다. 저는 "어떻게 하면 삶의 목적을 찾을 수 있을까요?"라는 질문을 가장 많이 받습니다. 질문하는 분은 가끔 자신의 어려운 문제를 상세히 설명하며 이렇게 말합니다. "삶의 목적을 알고 산다면 더 행복할 수 있을 텐데, 그게 무엇인지 잘 모르겠어요." 제 대답은 다음과 같습니다. "당신은 이 세상에 올 때 완전히 빈손으로 왔습니다. 이 물리적인 세계를 떠날 때도 똑같을 겁니다. 당신이 가진 것, 성취한 것 모두 가지고 갈 수 없습니다. 그러므로 당신이 생명을 가진 동안에 할 수 있는 유일한 일은, 당신의 삶을 나누어 주는 겁니다." 오늘은 항상 타인을 위해 헌신하는 길을 발견함으로써 목적이 충만한 삶을 사는 법에 대해 이야기하려고 합니다.

목적은 헌신하는 겁니다. 당신 자신과 이익을 중요시하는 마음에서 벗어나 어떤 방식으로든 타인에게 헌신하는 겁니다. 당신이 집을 짓길 좋아하면 지을 수 있지만, 목적은 어디까지나 다른 이들을 행복하게 하기 위해 짓는 겁니다. 가슴이 시키는 대로 설계하기도 하지만, 그것은 결국 타인을 위한 거예요. 당신이 말로 표현하기 좋아하면 글을 쓰겠지요. 그 글은 결국 독자에게 영감을 줄 겁니다. 당신이 아직 삶의 목적을 모른다면, 삶의 여러 단계를 통해 그것을 계속 찾게 될 거예요.

삶의 단계를 설명하는 매우 다양한 모델이 있습니다. 저는 다음과 같이 운동선수 단계, 전사 단계, 정치인 단계, 영적인 단계, 이렇게 전형적인 네 단계를 사용하여 각 단계의 목적이 무엇인지 간략하게 설명하겠습니다.

첫째, 운동선수 단계에서는 오로지 신체적인 부분에만 초점을 둡니다. 남에게 어떻게 보일지와 행동할지에 맞추어져 있는 거지요. 둘째, 전사 단계에서는 경쟁하고 싸워 이겨서 보상받기를 원하지요. 셋째, 정치인 단계에선 '어떻게 도와줄까?' 생각하면서 타인의 욕구를 만족시켜주는 것을 강조합니다. 마지막, 영적인 단계에서는 이 세상에 존재한다는 것이 무엇을 의미하는지를 깨닫습니다. 하지만 세상에 있는 어떤 것 때문이 아닙니다. 당신 안에 있는 영적인 부분은 육체나 이 세상이 완전한 본향이 아님을 압니다. 영적인 단계에서 당신은 물질세계에 대한 걱정을 최소화하고, 더 많은 에너지를 사랑과 헌신이라는 삶의 본질에 충실하게 사용하면서 살아가지요.

이 네 단계를 거치면서, 당신의 이기심은 점점 줄어들고 어떻게 하면 모두를 위해 더 나은 세상을 만들 수 있을지 생각하게 되며, 결국 당신은 위대한 진리를 발견하게 됩니다. 당신만을 위한 목표를 좇고 자기 이익에만 관심을 가질수록, 그러한 목표와 이익은 당신을 멀리할 겁니다. 반대로 당신의 생각과 행동을 타인을 위해 헌신하는 것으로 전환할 때, 이전에 당신이 그토록 얻기 위해 좇던 것들이 오히려 당신이 가는 곳마다 따라오게 됩니다. 당신이 자기 자신에서 완전히 벗어난다면, 우주의 힘이 이전에 당신이 자신을 위해 추구했던 모든 것을 제공하기로 계획해둔 것처럼 보일 거예요. 그리고 당신이 더 이상 그것들에 집착하지 않기 때문에, 그것들이 당신의 삶에서 자유롭게 드나들게 될 겁니다.

요약하자면, 삶을 개인적인 차원에서만 생각하지 마세요. 당신은 이 우주에서 개인적인 것은 없다고 자신에게 되뇜으로써 어떤 고통이든 모두 끝낼 수 있습니다. 물론 삶은 매우 개인적인 것이라고 배웠을 테지요. 하지만 이것은 환상입니다. 자신의 에고를 길들이세요. 그러면 어떤 것도 개인적인 것으로 받아들이지 않게 됩니다.

다른 사람에게 헌신하는 한 가지 좋은 방법은, 가능한 한 자주 관대해지는 연습을 하는 겁니다. 어떤 형태로든 누군가에게 관대해지겠다고 자신에게 약속해보세요. 되도록 모르는 사람에게 3주 동안 매일 관대함을 베풀어보길 제안합니다. 이렇게 하면 베푸는 습관을 개발할 수 있을 뿐만 아니라, 관대한 본성이 얼마나 놀라운 영감을 주는지 발견하게 될 겁니다. 관대함이 커질수록 당신은 타인에게 더 큰 인상을 남길 것이고, 도움을 받은 그들도 당신처럼 또 다른 타인에게 헌신하게 될 겁니다. 당신의 소유물뿐만 아니라 시간도 기꺼이 남에게 주고 싶어 한다는 것을 알림으로써 누구나 닮고 싶어 하는 훌륭한 모범이 될 수도 있지요. 자신들의 시간과 돈, 소유물을 기꺼이 나누고자 하는 이들을 보고 누가 영감을 받지 않겠습니까? 우리는 그런 사람들의 이름을 따라 샌프란시스코San Francisco라는 도시 이름을 짓기도 하고, 마더 테레사Mother Teresa 같은 이를 성인의 반열에 오르도록 추대하기도 하지요. 당신도 그렇습니다. 자애로운 영은 세상을 변화시킬 수 있습니다.

당신은 또한 십일조(영적인 가르침을 지지하기 위해 특정한 기간

동안 수입의 10분의 1을 기부하는 것)를 실천하며, 과연 십일조가 열 배로 돌아오는지 확인해보세요. 이 방법은 제 삶 전체를 통해 증명되었습니다. 그리고 여전히 저는 관대해지려는 본성을 자연스럽게 실천하고 있습니다.

풀리처상을 받은 제프리 마르크스Jeffrey Marx는 그의 저서 《인생의 계절Season of Life》에서, 고등학교 미식축구 팀의 역사를 소개합니다. 책에서 볼티모어 콜츠의 전직 선수 출신의 코칭 스태프인 조 에어만Joe Ehrmann이 등장합니다. 그의 코칭 철학은 "스포츠를 통해 소년이 남자가 되게 하기"입니다. 여기서 그는, 위협하지 않고 소리 지르지 않으며 폭력을 사용하지 않고도 지도할 수 있다고 당당히 밝힙니다.

"나는 자네들에게 위대함을 기대한다네." 팀의 감독은 선수들에게 말합니다. "그리고 타인의 삶에 끼친 영향으로 그 위대함을 평가하겠네." 10명의 코치와 부감독이 시합하는 날 모여 팀 전체에게 "우리의 일은 무엇인가?"라고 물으면, 선수들은 동시에 "우리를 사랑하는 겁니다!"라고 외치지요. 코치가 "너의 일은 무엇인가?"라고 물으면, "서로 사랑하는 겁니다!"라고 대답합니다. 이것이 그 소년들이 매일 들었던 철학입니다. 연습할 때, 경기에 나가서 게임을 치르는 동안, 끝나고 나서 서로에게 그렇게 말합니다. 이것이 타인을 돕고 싶어 하는 우리가 가야 할 길입니다. 우리는 모든 타인을 사랑해야만 합니다. 또한 서로 사랑하라고 그들을 가르쳐야 합니다.

당신이 길을 잃었다고 느끼거나 당신의 목적이 흐릿해져 잘 보이지 않을 때, 스스로에게 이렇게 말해보세요. "내 목적은 베푸는 거야. 오직 나에 대한 관심에서 벗어나, 위험에 처한 사람과 생명체에게 헌신하기 위한 방법을 찾기 위해 시간을 좀 내야겠어." 이렇게 하면 무슨 일을 하든지 할 수 있는 만큼 오래 타인에게 줄 수 있다는 것을 깨닫게 됩니다. 온전히 베풀고 헌신하기 위해, 그리고 결국 목적이 충만한 삶을 위해, 스스로에게 물어보세요. "내가 베풀고 싶은 것을 진짜 가지고 있을까?" "그렇다"라고 대답하는 사람이 되길 바랍니다.

다른 사람에게 헌신하는 한 가지 좋은 방법은, 가능한 한 자주 관대해지는 연습을 하는 겁니다. 어떤 형태로든 누군가에게 관대해지겠다고 자신에게 약속해보세요.

Day 7

침묵 포용하기

우리가 오늘 살펴볼 주제는 요즘 보기 드문 덕목인 침묵입니다.

우리는 소음으로 가득 찬 세상에 살고 있습니다. 시끄러운 음악 소리, 사이렌 소리, 건설 현장에서 나는 소리, 덜덜거리는 기계 장비 소리, 귀를 찌르는 비행기 소리, 요란한 트럭 소리, 낙엽 치우는 송풍기 소리, 잔디 깎는 기계 소리, 나무 자르는 소리까지. 인간이 만들어내는 이런 부자연스러운 소음 때문에 짜증이 나기도 하고, 때론 침묵하고 싶어도 그렇게 하기 어렵지요. 사실 우리는 침묵을 피하는 정도가 아니라 두려워하기까지 하는 문화 속에서 자라오기도 했으니까요.

자동차 라디오는 항상 켜져 있고, 대화 도중 잠깐이라도 멈추는 순간이 있다면 어색해서 재빨리 말을 이어가기 시작합니다. 많은 사람에게 홀로 있는 시간은 악몽과 같습니다. 심지어 홀로 있으면서 침묵하는 것은 진짜 고문이지요. 이에 대해 프랑스의 유명한 철학자이자 수학자인 블레즈 파스칼Blaise Pascal은, "모든 사람의 불행은 방에 혼자 조용히 앉아 있을 수 없는 데서 기인한다"라고 말했지요.

침묵의 가치

당신이 하는 생각들 사이에는 공간이 있습니다. 그리고 이 공간에는 순간적인 침묵이 있습니다. 침묵 속에 있는 연습을 하면 이를 알아차릴 수 있게 됩니다. 이 침묵하는 사이에 당신은 일상에서 추구하는 평화를 만날 수 있습니다. 생각들 사이에 공간이 없다면, 당신은 결코 평화를 알 수 없습니다. 보통 사람이라면 하루 평균 6만 가지 정도 생각을 한다고 합니다. 그렇게 많은 생각을 하면서, 생각과 생각 사이에 거의 간격을 두지 않습니다. 생각하는 그 숫자를 반으로 줄일 수 있다면, 가능성이 무궁한 세계를 스스로 활짝 열 수 있습니다.

음악을 그토록 즐겁게 만드는 것은 음표 사이의 공간입니다. 그런 공백이 없다면, 시끄러운 음 하나만 듣게 될 겁니다. 창조된 모든 것이 침묵에서 나옵니다. 당신의 생각은 침묵이라는 무에서 나옵니다. 당신의 말도 정적으로부터 나옵니다. 당신의 본질도 공허로부터 나왔습니다. 우리를 대체할 사람들도 허공 속에서 기다리고 있지요. 모든 창의성은 어떤 공간을 요구합니다. 침묵은 피로감을 낮추어주고, 당신 자신만의 창조적인 활력을 보충해주기도 하지요.

더 많은 침묵으로 접근하기

저는 당신이 살면서 더 많은 시간을 침묵하는 데 사용하면 좋겠습니다. 침묵할 수 있는 가장 효과적인 방법 중 하나는 일상에서 명상을 실천하는 겁니다. 그리고 기억하세요. 나쁜 명상은 없습니다. 혼자 조용히 앉아 있어보세요. 맨 처음엔 시간 낭비라는 생각이 들지도 모릅니다. 생산적인 활동을 해야 한다는 내적 항변이 들어올 수도 있습니다. 실제로 할 일이 또 좀 많은가요. 이런저런 서로 연결되지 않은 수백 가지 생각이 머릿속에 스쳐갈 겁니다.

하지만 차분히 앉아서 모든 내면의 수다를 관찰하게 되면, 거센 항변의 폭풍우를 견뎌낼 수 있습니다. 결국 당신은 생각과 생각 사이의 틈새로 빠져나오게 될 것이고, 이고요한 틈새가 얼마나 평화로움을 가져다주는지 알아차릴 수 있을 겁니다. 지금 바로 해보세요. 주기도문을 활용해보세요. 우선 '하늘에' 그리고 '계신'에 집중하고, 이 두 단어 사이의 빈틈으로 비집고 들어가보세요. 그러고 나서 '우리' 그리고 '아버지' 사이의 빈틈으로 깊이 들어가보세요. 이 공간이 얼마나 평화롭고 아름다운지 느껴보세요.

침묵할 수 있는 기회는 많이 있습니다. 저는 운전하다가 빨간불에 걸리면 가능한 한 그때마다 명상을 하려고 노력합니다. 차가 멈추면 움직이는 것은 마음속의 생각뿐입니다. 저는 2분 남짓한 시간을 이용해 움직이지 않는 차 안에서 몸과 마음의 조화를 이루려 합니다. 그러면 그 침묵하는 시간이 매우 귀중한 선물같이 느껴집니다. 아마 하루에도 20~30번쯤 서게 되는 듯한데, 그럼 침묵할 수 있는 시간을 어림잡아 매일 40분에서 한 시간 정도 확보할 수 있게 됩니다. 이후 제 뒤에 있는 누군가가 경적을 울려대며 침묵하는 시간이 끝났다는 것을 알려주지요!

자연이 곧 치유

살면서 무엇인가 잘 되고 있지 않다는 느낌을 받을 때, 자연으로 나가서 침묵과 평화를 찾아보세요. 방황하는 십대 청소년들을 대상으로, 자연에서 동물들을 돌보면서 자연과 교감하라고 가르칠 때가 있습니다. 그러면 항상 평안함과 평온함을 체험하게 됩니다. 높은 산을 오르는 체험 프로그램이나 호수를 가로지르는 카누 프로그램을 하다 보면, 젊은이들의 약물 중독 문제가 사라지기도 하지요. 심각한 질병을 진단받은 사람들도 종종 고립된 황야에 있는 오두막에서 몇 달 지내다 보면 그들에게 딱 필요한 치료법을 찾는 경우가 있습니다. 그리고 그 치료법이 기적처럼 병이 호전되는 기회가 되기도 하지요.

불면증으로 고생한 적이 있다면, 잠자리에 들기 전 맨발로 잔디밭을 10분 정도 걸어보세요. 자연은 많은 병을 치유할 수 있는 약이 될 수 있습니다. 모든 것을 중단한 채 조용한 장소에 가서 하루를 지내며 자연의 소리를 그저 들어보세요. 새소리, 곤충 소리, 나뭇잎들이 바스락거리는 소리, 바람 소리. 이런 것들은 요란한 공사장 소리, 도시를 가득 메운 자동차 소리, 시끄럽게 울리는 라디오 소리 때문에 받은 고통을 치유하는 소리입니다.

아예 정기적으로 일정한 시간을 내어 자연으로 나가세요. 한 달에 한두 번 정도 자연과 교감하면서 침묵 속에서 지내보세요. 이것이 최고의 치료제입니다. 이것이 내 이야기를 들어줄 누군가를 찾아 비싼 비용을 치르는 것보다 훨씬 낫습니다.

주위 모든 사람에게 영향을 미치는 명상

당신이 평화로운 상태라면, 스트레스를 받을 때나 우울할 때와는 다른 종류의 에너지를 발산합니다. 더 평화로워질수록 당신이 겪을 법한 부정적인 에너지를 더 쉽게 피해갈 수 있습니다. 이것은 아무것도 통과할 수 없는 보이지 않는 방어막을 치고 있는 것과 같지요. 당신이 방어하는 에너지보다 더 높은 에너지가 아니라면 통과할 수 없습니다. 적대적인 태도를 지닌 누군가를 만나게 된다면, 미소로 대하면서 속으로 그 적대적 감정은 당신 것이 아니라고 여기세요. 누군가가 당신에게 자신의 비참한 상태와 감정을 이입시키려 한다 해도 당신의 동의 없이는 불가능합니다. 당신이 꾸준히 명상 훈련을 하면 그런 상황에 면역이 생기게 됩니다.

당신은 주위에 있는 그런 부정적인 것들을 피해 갈 수 있습니다. 그뿐만 아니라, 당신의 평화로운 감각은 타인에게도 영향을 미쳐, 마침내 당신과 조화를 이루게 합니다. 연구를 통해 명상가들 가까이에 있는 주변 인물들에게서도 세로토닌(행복을 느끼게 하고 우울이나 불안을 줄이는 신경전달물질—옮긴이)이 측정되는 것이 밝혀졌습니다. 놀랍게도 명상을 하는 사람들의 에너지장 안에 있기만 해도 관찰자들의 세로토닌 수치가 올라가는 거지요. 이런 연관성이 정말 놀랍지 않나요? 당신이 명상을 통해 평온함을 느낄수록, 주위 사람들도 평화로움을 느낍니다.

제가 명상을 하면 저만 평온해지는 것이 아니라, 우리 가족과 지인들까지도 평안해집니다. 무엇보다 명상을 함으로써 얻는 가장 유익한 것은 어떤 부정적인 것에 영향을 받거나 마음이 어지러워지지 않게 되었다는 사실입니다. 명상이 내면의 평화를 가져다주기 때문입니다.

음악을 그토록 즐겁게 만드는 것은 음표 사이의 공간입니다. 그런 공백이 없다면, 시끄러운 음 하나만 듣게 될 겁니다.

Day 8

신과 의식으로 만나기

교리가 잘 정리된 종교 대부분은 신도들에게 신을 설명하는 업무를 수행해왔습니다. 신이 인류를 위해 베푼 모든 원칙을 포함해서 말입니다. 그러나 타인의 경험이나 증명을 통해서는 신을 알 수 없습니다. 이 과정은 반드시 당신이 직접 겪어야 합니다. 오늘 우리는 더 깊은 명상과 침묵을 탐험하는 과정을 통해 신과 의식적으로 소통하는 방법을 알아보고자 합니다.

저는 명상을 가르칩니다. 제 목소리로 직접 녹음한 오디오 프로그램 〈실현을 위한 명상Meditations for Manifesting〉을 통해 명상에 대해 자세하게 설명했습니다. 이 명상은 '아아—'라는 소리를 내며 기도하는데, 아침 명상 시간에 당신의 마음이 이리저리 방황하는 것을 막아줍니다. 이 기도 소리에는 신의 모든 이름이 들어 있습니다. 예를 들어,

하느님 God, 야훼 Yahweh, 알라 Allah, 크리쉬나 Krishna, 여호
와 Jehovah, 라 Ra, 프타 Ptah입니다. 이 기도 소리를 반복적
으로 외우면, 당신은 의식으로 신을 만날 수 있습니다. 저
녁 명상엔 '옴 om' 소리를 사용하는데, 당신의 삶에 이미
실현된 모든 것에 대해 감사하는 소리입니다. 아침에 '아
아―' 소리와 저녁에 '옴' 소리를 대략 20분 정도 반복하
면 내면의 평화와 성공을 경험하는 기회를 얻게 됩니다.
명상은 내면의 평화를 가져다주고, 스트레스를 해소하며,
주위 환경을 개선하고, 부정적인 생각을 떨쳐버릴 수 있
도록 도와줍니다. 명상을 규칙적으로 하면, 점점 더 좋아
지게 됩니다.

깊은 침묵으로 들어가 그 침묵과 하나가 될 때, 당신은 자
신의 근원과 다시 연결되고, 어떤 사람들이 신이라 부르
는 평화를 알게 됩니다. 구약 시편에는 "너희는 멈추고 내
가 하느님인 줄 알아라"라는 아름다운 구절이 있습니다.
여기서 핵심적인 말은 바로 '멈추고'와 '알아라'입니다.

멈춘다는 것은 실제로 '침묵'을 의미합니다. 테레사 수녀
가 침묵과 신과의 관계를 설명하면서 "신은 침묵의 친구
입니다. 나무와 풀이 침묵 속에서 자라는 모습을 보세요.
별과 달과 해를 보세요. 그것들이 어떻게 침묵 속에서 움
직이는지. 영혼을 보듬으려면 침묵이 필요합니다"라고 했

습니다. 여기엔 당신의 영혼도 포함되어 있습니다.

안다는 것은 신과 당신의 개인적이면서도 의식적인 만남을 의미합니다. 신을 안다는 것은 의심을 떨쳐버리고 신에 대한 타인의 정의와 설명에서 벗어나 스스로 신을 알아가는 것을 뜻합니다. 그러면 당신만의 '앎'이 생기지요. 〈모비딕〉을 쓴 소설가 허먼 멜빌 Herman Melville은 "신의 유일한 목소리는 침묵이다"라고 했습니다.

침묵 속에서 삶의 에너지를 충전하고, 긴장과 불안을 없애며, 신을 알아가는 기쁨을 다시 느끼고, 모든 인류에게 더 가까이 다가갈 때, 우리는 내면의 평화를 이룰 수 있습니다.

신과 하나되기

신과 우리는 분리되지 않았습니다. 신은 언제 어디에나 존재하고, 생명을 창조하며, 유지하는 능력을 갖고 있습니다. 결코 부분으로 나눌 수 없으며, 조각으로 잘릴 수도 없습니다. 우주에 둘도 없는 유일한 힘입니다. 그러나 인간인 당신의 경험 속에 있는 모든 것은 양면을 가지고 있습니다. '위'는 그 반대의 개념인 '아래'가 있으므로 존재하고, '빛'은 '어둠' 때문에 존재하며, '맞다'는 '틀리다'가 있기에 존재합니다. '뒷부분' 없이 '앞부분'만 있는 사람을 결코 본 적이 없을 것이고, '내부' 없이 '외부'만 있지도 않을 것이며, 'S'극이 없이 'N'극만 있는 자석도 없을 겁니다. 우리가 존재하는 물리적인 세계는 이분법적이고, 반대 개념과 조화로 이루어져 있지요.

그러나 침묵은 나눌 수 없는 단 하나의 경험입니다. 침묵은 반으로 잘라도 침묵이며, 오히려 더 깊은 침묵으로 들어갈 수 있습니다. 침묵은 오직 하나뿐입니다. 그러므로 침묵은 신과 통합되어 하나가 되는 것을 경험하는 유일한 방법입니다. 이것은 신에 대해 지식적으로 아는 것이 아니라, 진정 신을 아는 방법입니다. 이것이 당신에게 명상을 권하는 이유입니다. 명상은 나를 진정시키는 에너지의 근원과 접촉할 수 있게 하여 신과 더 깊이 연결될 수 있도록 도와줍니다.

침묵 속에서 답을 찾을 수 있습니다. 기억하세요. 공허로부터, 비움으로부터 모든 것이 창조된다는 것을. 당신이 곡을 쓴다고 할 때, 소리가 나는 부분만큼이나 소리 없는 부분도 중요합니다. 어떤 문제를 해결하거나 어떤 관계를 치유할 때도 마찬가지입니다. 고요한 곳에서 귀를 기울이면 영감을 얻을 수 있습니다. 저는 먼저 침묵 속에서 신에게 나아가지 않고서는 연설도 하지 않고 글도 쓰지 않습니다. 제 영감을 이끌어내기 위해 저만의 시간과 장소를 찾기도 합니다.

침묵하며 신과 영적 교감 유지하기

당신이 실현하기를 원하는 모든 것은 영혼으로부터, 침묵으로부터 나옵니다. 그러면 자신을 실현하기 위해 에고를 사용할 필요가 없어지지요. 사실 에고는 창조적인 과정을 방해합니다. 이런 이유로 당신이 창조하고자 하는 것, 즉 개인적인 통찰을 발설하지 말라고 권하고 싶습니다. 사도 바울이 말하길, "보이는 것은 나타난 것으로 말미암아 된 것이 아니니라"라고 했습니다. 문득 떠오르는 아이디어와 생각을 타인에게 여과 없이 말하면, 종종 설명하고 방어해야 할 때가 생기지요. 그럴 때 에고가 개입하게 됩니다. 그리고 에고가 일단 나타나면, 실현은 중단됩니다.

침묵하면 실현되기 시작됩니다. 그러니 소중한 침묵 속에서 당신의 잠재적인 기적을 간직하세요. 가능한 한 자주 침묵하도록 하세요. 침묵과 명상이 항상 가져다주는 평온함과 내면의 평화를 만끽하세요.

침묵 속에서 삶의 에너지를 충전하고, 긴장과 불안을 없애며, 신을 알아가는 기쁨을 다시 느끼고, 모든 인류에게 더 가까이 다가갈 때, 우리는 내면의 평화를 이룰 수 있습니다.

Day 9

개인적인 사연 떠나보내기

우리는 대개 과거가 현재 이 순간 우리가 누구인지를 규정한다고 생각합니다. 하지만 오늘 저는 당신이 과거를 흘려보내야 현재의 삶을 더 충만하게 살 수 있다는 사실을 알려주고 싶습니다.

모터 보트가 물의 표면을 가로질러 달릴 때 그 뒤로 하얀 거품이 생기는데, 이를 '항적'이라고 부릅니다. 그런데 사실 항적은 보트가 지나가고 남은 자국에 지나지 않습니다. "무엇이 보트를 움직이는가?"라고 누가 묻는다면, 정답은 '보트의 엔진에서 생성된 순간 에너지'가 되겠지요. 이것이 바로 보트가 물을 가로질러 앞으로 나아가게 하는 원동력입니다. 혹시 뒤따르는 물결이 보트를 움직이게 한다고 생각하시나요? 뒤에 남은 흔적이 보트를 앞으로 나아가게 할 수 있을까요? 이것들은 답이 뻔한 수사학적 질문입니다. 항적은 단지 뒤에 남겨진 흔적일 뿐, 그것이 보트를 앞으로 나아가게 하는 원동력이 아님을 당신도 당연히 알고 있을 겁니다.

자신의 삶에 이 생각을 적용해보시길 바랍니다. 삶의 여파는 당신 뒤에 남겨진 흔적 그 이상은 아니니까요. 이런 생각을 계속하다 보면, 그 물결이 당신을 앞으로 나아가게 하는 게 아니라는 사실을 알게 됩니다. 그러니 그 흔적은 논리적으로 오늘 당신이 경험하는 것이나 경험하지 못하는 것에 대해 책임이 없습니다. 그저 당신이 뒤에 남겨놓은 흔적일 뿐, 그 이상도 이하도 아닙니다. 그런데도 당신은 여전히 그 흔적에 사로잡혀 있지는 않나요?

사연의 희생자가 되는 것

저는 지난 25년 이상 사람들이 더 높은 알아차림의 수준에 도달하도록 도왔습니다. 제가 경험한 바에 따르면, 많은 사람이 지난 개인사를 들먹이며 자기 파괴적인 행동을 정당화하거나, 삶의 부족한 부분에 대해 불평을 늘어놓으며 삽니다. 과거의 고통, 학대와 결핍된 부분에만 매달려 사는 셈입니다. 만나는 사람마다 자신이 얼마나 '불쌍한 사람'인지 떠들고 다니기도 하지요. 심지어 처음 만나는 사람에게조차 아랑곳하지 않고 떠들어댑니다. "난 어린아이일 때 버려졌어요." "난 알코올 중독자예요." "난 근친상간을 당했어요." "부모님의 이혼으로 인한 상처를 극복할 수 없어요." 그 사연을 글로 써도 아마 책 한 권은 족히 나올 듯싶습니다.

당신의 과거는 이미 끝났습니다. 과거에 매여 살면, 현재의 당신은 꼼짝도 못 할 뿐만 아니라 치유받지도 못합니다. 현재를 충실히 살지 못하는 이유로 힘들었던 과거의 삶을 언급하는 것은, 항적이 배를 움직이는 힘이라고 믿는 것과 같습니다. 반대로도 역시 마찬가지입니다. 많은 사람이 이미 영원히 가버린 좋았던 과거 일을 들추면서, 오늘 왜 행복할 수 없는지 그리고 충만하게 살 수 없는지 이야기하지요. "모든 게 변했어." "예전 사람들과 달리 요즘 사람들은 아무도 존경하지 않아." "옛날엔 천 원 가지고도 많은 것을 할 수 있었는데, 물가가 너무 올랐어." "이전에는 안 그랬는데 사람들이 더 이상 서로 돕기를 원하지 않아." "우리 어릴 때는 어른들에게 공손했었는데, 요즘 애들은 도무지 부모를 존경하지 않아." 이런 태도 역시 뒤에 남은 물결에 매여 사는 것이며, 책임을 과거에 지우는 것이고, 오늘날 당신이 성공하지 못하고 행복할 수 없는 이유가 됩니다.

물결에서 탈출하기

당신의 과거 이야기만 쓸 수 있는 신기한 연필이 있다고 가정해봅시다. 그것 외에는 쓸모가 없습니다. 당신의 과거 모든 것이 그 연필 안에 담겨 있다면, 당신은 그것을 계속 가지고 있을 건가요? 대체 무엇 때문에요? 그렇다면 내던져버릴 건가요? 아마도 페르시아의 시인이자 수학자인 오마르 카이얌Omar Khayyam이 쓴 시가 당신에게 영감을 줄 겁니다.

— 움직이는 손가락은 글을 쓰고, 그 글은 계속된다네.
그대의 모든 경건함이나 재치도 돌이켜 그 글의 반도 지울 수 없으며,
그 어떤 눈물도 단어 하나 씻어낼 수 없나니.

당신은 그 연필 안에 있는 이야기를 가지고 밤새도록 목 놓아 울 수 있습니다. 그 이야기 속에서 당신이 지우기를 바라는 모든 것 혹은 돌려받고 싶은 것들에 관해 아쉬워할 수도 있습니다. 하지만 오마르 카이얌이 조언하듯, 당신이 아무리 울어도 과거 이야기의 한 글자도 씻어 보낼 수 없습니다.

당신은 그 연필이 상징하는 것, 즉 당신의 개인사를 흘려

보내고 싶어 합니다. 하지만 당신이 그 사연에서 떠나 아무리 멀리 걸어간다고 할지라도, 일단 뒤돌아보면 그것은 거기에 있습니다. 당신은 개인적인 사연을 잊어버릴 준비가 되어 있고, 현재 이 순간을 더 충만하게 살고 싶어 합니다. 하지만 뒤를 돌아보면 그 연필은 항상 거기에 있지요. 그 연필에 당신의 사랑을 담으세요. 그리고 그 연필을 집어 과거의 말과 상처와 아픔을 글로 적어보세요. 그 모든 것을 포용하고 점검하고 이해하고 수용하고 사랑하면서 배우고 경험한 것을 기록해보길 바랍니다. 당신은 그 사연을 노래나 시, 그림, 의식 등으로 바꾸어 포용할 수도 있습니다. 이러한 행동은 당신만의 독특한 방식으로 아픈 사연을 내던져버릴 수 있는 힘을 줄 겁니다.

사연 포용하기

이 광활한 우주는 신의 창조적인 힘이 지탱하고 있는 지적인 시스템입니다. 어떤 사건도 우연히 일어날 수 없습니다. 받아들이기 어렵겠지만, 당신이 오늘 있는 그곳에 도달하기 위해 겪어야 했던 일들이 있었고, 당신이 해왔던 일들이 그 증거입니다. 삶에서 당신이 영적으로 성장할 때마다 어떤 실패나 재난이 선행되었을 가능성이 높습니다. 어둡던 시절, 수많은 사건 사고, 픽 고달팠던 기억들, 빈곤했던 시절, 질병, 학대, 깨진 꿈들이 모두 질서 있게 존재했습니다. 그 일들은 이미 생겼습니다. 그러니 그것들은 일어나야만 했고, 당신은 그것들을 없던 일로 할 수 없다는 사실을 명심해야 합니다.

그런 관점에서 그것들을 포용하세요. 필요하다면 도움을 받아서라도 그것들을 이해하고 수용하며 존중하여, 결국 당신만의 방법으로 종결시키거나 변형시키세요. (그 사연들에 새로운 이름을 붙일 수도 있습니다.) 이렇게 할 때 당신은 과거로부터 벗어날 수 있습니다. 이제 열려 있고, 흥미로우며, 꾸준히 관심을 쏟을 수 있고, 함께 놀고 즐기고 탐험할 수 있는 바로 이 순간에 몰입하세요.

과거에 기대지 않기

자신에게 붙은 모든 이름표를 지우기 위해 노력하세요. 이름표는 당신을 무력하게 합니다. 참된 본질인 무한한 영으로서 존재하기보다, 결국 그 이름표에 맞는 생활만을 하게 될 것이기 때문입니다. 당신은 미국인도 이탈리아인도 한국인도 아닙니다. 오로지 한 종족의 일원인데, 바로 그 종족은 인류입니다. 그저 신과 함께 하나입니다. 당신은 남자도 여자도 아니고, 진보당원도 보수당원도 아니며, 운동선수도 마술사도 수학자도 문학가도 아닙니다. 당신에게는 어떤 다른 이름표도 없습니다. 특히 과거에 타인이 당신에게 정해주었던 이름표를 넘어서면, 어떤 방식을 원하든지 수많은 기회가 지금 이 순간 당신에게 열리게 됩니다.

당신의 과거, 당신이 받은 모든 상처는 물리적인 현실에 존재하지 않습니다. 그것들이 여기 당신 생각 속에 남아 있게 하지 마세요. 현재 이 순간을 흙탕물로 만들 뿐입니다. 당신의 삶은 여러 막으로 이루어진 연극과 같습니다. 어떤 등장인물들은 잠시 등장하는 단역이고, 또 다른 인물들은 더 오래 등장합니다. 어떤 이들은 악당이고, 어떤 이들은 영웅입니다. 하지만 이 모든 역할이 다 필요합니다. 그렇지 않으면 연극이 이루어질 수 없으니까요. 그러니 그 모든 것을 포용하세요. 그리고 연극의 다음 장으로 넘어가세요.

당신의 과거는 이미 끝났습니다. 과거에
매여 살면, 현재의 당신은 꼼짝도 못 할 뿐만
아니라 치유받지도 못합니다.

Day 10

현재는 내가 가진 모든 것

과거는 지나갔습니다. 미래는 아직 오지 않았습니다. '지금 여기'라고 부르는 현재가 우리가 가진 전부입니다. 이것이 오늘 우리가 다룰 주제입니다.

사실 많은 사람이 현재를 충실히 살려는 의지와 능력을 갖고 있지 않습니다. 에피타이저를 먹는 동안 디저트를 걱정하지 마세요. 책을 읽는 동안 당신의 생각이 어디에 있는지 알아차리세요. 휴가 기간에는 그저 휴가지에 머물러 쉬시길 바랍니다. 무엇을 했어야 하는지, 집으로 돌아갈 때 무엇이 되어 있어야 하는지 생각하지 마세요. 지금 여기에 있지 않은 것들을 생각하며 현재 이 순간을 써버리는 데 익숙해지지 마세요.

지금 여기와 다른 시간과 장소로 떠도는 습관은 그야말로 모순적입니다. 오로지 현재에만 있을 수 있습니다. 이는 현재가 당신이 가진 전부이기 때문입니다. 그러니 다른 시간과 장소에 떠돌면, 소중한 당신의 현재 순간을 다 써버리게 됩니다. 당신의 과거가 진짜 대단했더라도 현재는 아닙니다. 물론 미래가 번창할 수 있겠지만 지금은 아닙니다. 물론 '그땐 그랬지'와 '어쩌면'이란 생각으로 지금을 소모해버릴 수 있겠지요. 하지만 이 또한 경험할 수 있는 내면의 평화와 성공에서 당신을 멀어지게 할 뿐입니다.

인간과 다른 생명체도 자신의 과거와 미래에 대한 생각으로 현재를 낭비할까요? 비버는 그저 비버다운 행동을 합니다. 현재 이 순간에 맞는 행동을 하지요. 비버는 다시 어린 시절로 돌아가길 바라며 자신의 소중한 현재를 써버리지 않습니다. 혹은 다른 형제 비버가 더 많은 관심을 받았다는 사실도 반추하지 않습니다. 자신이 어릴 때 아빠가 젊은 비버랑 바람나서 도망갔던 것도 원망하지 않습니다. 비버는 항상 현재에 있습니다. 이 순간을 살아가는 것에 관해서는 인간과 다른 생명체로부터 훨씬 더 많은 것을 배울 수 있습니다. 과거에 대한 죄책감과 미래에 대한 걱정으로 현재를 다 써버리지 않으니까요. 이 순간을 충만히 살기를 훈련하세요. 그리고 과거에 기반해서 현재 당신을 규정하는 어떤 생각도 거부하세요.

그리고 잠시 멈춰서 당신의 시야에 들어온 모든 것을 주의 깊게 바라보세요. 사람들, 동물들, 초목들, 구름들, 건물들, 그 밖의 모든 것을 살펴보세요. 명상을 통해 현재에 머무르며 궁극적인 이 순간, 즉 신에게 더 가까이 다가가세요.

신은 오직 지금 여기에 있다

이와 같이 생각해보세요. 신은 한 시간이 더 지난다 한들 지금 하는 일과 아주 다른 일을 하지는 않을 겁니다. 그리고 천 년 전에 하던 일과 지금 하는 일도 다르지 않겠지요. 당신이 진정 신을 알아가고 싶다면, 현재 이 순간에 기꺼이 평화로운 상태에 있고자 해야 합니다.

Day 8에서 명상이 어떻게 신과 의식적으로 만나는 방식이 될 수 있는지에 대해 이야기했지요. 여기에선 제게 가장 큰 영향을 미친 스승 중 한 분에게 배운 숭고한 비밀에 관해 당신에게 들려주고자 합니다.

— 당신이 마음 안에서 과거와 미래를 포기하고
완전히 현재에 몰입할 때에
진정으로 신을 알게 된다.

신은 항상 지금 여기에 계시므로.

안타깝게도 이 진리를 깨닫고 살아가는 사람이 거의 없습니다. 사람 대부분은 자신이 처한 상황과 하기 싫은 마음 때문에 현재 이 순간에 몰입해서 사는 연습을 하지 않습니다. 그래서 가끔 저는 이렇게 말합니다. "남보다 앞선 곳엔 사람이 붐비지 않는다." 남보다 더 앞서가고자 한다면, 지금 이 순간을 살아가면서 내면의 평화를 선택하고 성공을 삶에 끌어당기는 것이 존재 방식이 되어야 합니다.

이 순간, 기쁨에 가득 찬 삶을 살겠다고 약속해주세요. 미래에 대해 꿈만 꾸는 건 이제 그만하세요. 우리 누구나 가지고 있는 오직 그것, 즉 지금으로 돌아오세요. 과거와 미래에 대한 관심을 내려놓고 현재를 충실히 살기로 결정하세요. 현재를 충실히 살기 위해 영감을 얻으려는 당신의 열망은 영적 세계를 작동시키는데, 이 세계는 바로 당신의 삶이 시작된 곳입니다. 당신이 상상하는 미래, 목표에 집착하는 것은 현재 이 순간을 낭비하게 하는 불필요한 방법입니다. 람 다스Ram Dass의 저서 《여기 지금 존재하라Be Here Now》는 제목 이상의 의미가 있습니다. 바로 영감의 본질이지요. 현재를 충실히 살아가는 것은 걱정, 스트레스, 심지어 어떤 질병까지 없애는 방법이기도 합니다.

여기 앉아서 글을 쓰는 동안에, 저는 이 책을 완성하는 꿈을 꿀 수도 있습니다. 하지만 현실에서 제가 지금 하고 있는 것은 제 내면의 소리를 듣는 겁니다. 내면이 요청하는 소리에 진동을 맞추면서, 그것이 저를 통해 글로 나타나는 기쁨을 느끼는 거지요. 지금 여기에서 내면의 '소리'가 요청하는 것을 실행하기 위해 '목표'는 정지된 상태입니다. 특히 최종 결과물을 머릿속으로 그려보고 그 비전과 조화를 이루기 위해 현재의 순간을 살아가기 때문에 알아서 끝을 맺게 될 겁니다.

당신의 삶을 찬찬히 돌이켜봄으로써 자신의 한계를 그어 놓은 어떤 이름표나 지표 같은 그 모든 신념을 찾아보고 그것들이 자신의 삶에 어떠한 영향을 주었는지 생각해보길 바랍니다. 현재의 당신에게 힘을 실어주세요. 당신이 해왔던 것, 살아온 지난날의 모습은 현재의 당신이 아닙니다. 타인이 당신에게 가르친 것들 혹은 당신에게 일어났던 일들조차 현재의 당신이 아닙니다. 이것을 알아차림으로써 그 모든 것을 다시 정립하길 바랍니다. 당신은 사랑받는 존재며, 지금도 그리고 앞으로도 항상 당신의 근원, 즉 무한한 사랑의 힘에 연결되어 있습니다. 삶의 어떤 순간에서든 현재 원하는 것이 무엇이든, 다 될 수 있습니다.

이 순간, 기쁨에 가득 찬 삶을 살겠다고 약속해주세요. 미래에 대해 꿈만 꾸는 건 이제 그만하세요. 우리 누구나 가지고 있는 오직 그것, 즉 지금으로 돌아오세요.

Day 11

문제를 만든 사고방식으론
해결할 수 없다

오늘은 '문제'라는 주제를 세심히 살펴보고, 사고방식을 바꾸면 어떻게 문제를 해결할 수 있는지 살펴보고자 합니다.

어떠한 문제라 하더라도 영적인 해결책으로 풀릴 수 있습니다. 《기적 수업》에서 가장 흥미로운 구절 중 하나는, 문제라는 것이 따로 있는 게 아니라 단지 당신이 문제가 있다고 생각할 뿐이라는 겁니다. 토라의 첫 구절이나 성경의 창세기에는 "하느님이 천지를 창조하시니라"라고 했고, 곧이어 "모든 것이 하느님이 보시기에 심히 좋았더라"라고 쓰여 있습니다. 이 구절을 문자 그대로 해석한다면, 문제가 있을 수 없다는 것이 꽤 분명하게 보입니다. 신이 모든 것을 만들었고 만든 모든 것이 좋았다면, 나쁜 것은 있을 수가 없지 않을까요? 하지만 당신은 이렇게 말하겠지요. "질병, 불화, 절망 등, 세상에 나쁜 것들이 존재하고, 심지어 넘쳐나지 않나요?"

우리가 영적 중심에서 분리되었다고 느낄 때, 어떤 불쾌한 것도 다 문제로 여겨지기 쉽습니다. 하지만 영적 세계, 즉 신의 세계에서는 문제가 존재하지도 실재하지도 않습니다. 영적 연결이 약해지면 영적 세계에서 멀어집니다. 즉 문제는 영적 세계에 대한 신념에서 분리되었기 때문에 나타나는 겁니다. 당신의 마음은 계속해서 분리되어 있다는 환상을 만들어내고, 당신의 몸은 에고의 영향을 받아 질병이 생기게 되지요. 우리 사회는 우리의 집단적 사고의 산물입니다. 우리와 마찬가지로 이 사회 또한 분리라는 질병을 안고 있으며, 이로 인해 우리가 '사회문제'라고 부르는 것들도 나타나지요. 소위 문제라고 불리는 모든 것은 영적인 결함이 드러난 것으로, 영적인 해결책으로 치유될 수 있습니다. 이런 방식으로 생각해보는 건 어떨까요? '마음'을 바꾸면, 문제를 해결할 수 있다고요. 이 주제에 관해서《인생의 모든 문제에는 답이 있다There is a Spiritual Solution to Every Problem》에서 깊이 있게 썼습니다.

마음을 바꾸는 것

당신이 신에게서 분리되었다는 생각이 문제를 만든다는 사실을 받아들일 수 있나요? 문제라고 부르는 모든 것이 사실은 단지 환상에 불과하다거나 당신의 사고 오류일 거라고 생각할 수 있나요? 신이 어디에나 있다면 신이 없는 곳이 없다는 뜻이므로, 당신은 모든 순간에 신과 함께하고 있는 겁니다. 당신은 이에 동의하지 않을 수 있는데, 그것이 소위 '문제'라고 부르는 신념 체계입니다. 이것이 환상이란 것을 실제로 깨우치면 그 문제들을 해결할 수 있습니다. 마치 3 더하기 3은 10이 아니라 6인 것처럼요. 이런 단순한 계산 오류를 바로잡을 때, 문제는 간단히 해결됩니다.

그러면 역시 '문제'를 만들어낸 당신의 마음속에 있는 모든 신념은 그 문제를 바라보는 더 높은 에너지를 가져옴으로써 해결할 수 있습니다. 아시시의 성 프란체스코 St. Francis of Assisi의 유명한 기도문에는 "미움이 있는 곳에 사랑을 심게 하소서"라는 말이 있습니다. 빛은 항상 어둠을 물리칩니다. 사랑은 항상 증오를 무력화하고, 영은 항상 문제를 소멸시킵니다. 문제는 에고의 신념 안에 존재합니다. 에고는 당신이 영적인 마음을 알아차리지 못하게 하는데, 어둠에는 아예 빛이란 개념이 없는 것과 같습니다.

실재에 관해 당신이 생각하는 것을 다시 써 내려간다면, 당신은 생각을 바꿀 수 있을 것이며 이미 인식된 어떤 문제도 멀리 떠나보낼 수 있습니다. 자신을 향한 태도를 바꾸세요. 그리고 신의 더 높은 에너지로 연결되어 있음을 믿기로 결심하세요. 심지어 극도로 어려운 환경 속에서도 그렇게 하세요. 문제처럼 보이는 모든 것을 더 높은 자신self에게 넘기세요. '문제'라고 믿었던 것이 눈에 보이는 것처럼 실제 문제가 아님을 믿기 바랍니다. 자신이 누군지, 무엇을 성취할 수 있는 사람인지 자신의 생각을 다시 써보세요.

실재에 대한 새로운 생각

눈에 보이는 모든 것의 원천은 당신 자신의 생각입니다. 당신이 맺고 있는 모든 인간관계 역시 당신이 지닌 생각에서 비롯하지요. 인간관계가 엉망이라면, 당신이 그런 식으로 생각하기 때문입니다. 당신이 관계 맺은 어떤 사람이 지금 이 순간 당신과 함께하고 있지 않을 수도 있습니다. 당신이 직장에 있거나 화장실에 있을 때를 생각해보세요. 하지만 그 사람에 대한 생각은 항상 당신과 함께 있을 수 있지요. 이것이 바로 당신의 생각 속에서 그 사람을 경험하고 있는 겁니다.

당신은 결코 그들과 일치된 시선에서 바라볼 수 없고, 그 사람이 될 수도 없습니다. 오직 당신의 생각을 통해 그들을 바라볼 뿐이지요. 당신이 타인의 잘못을 찾고 당신의 머릿속에 부정적인 이미지를 새긴다면, 거기가 바로 그 사람과 당신의 관계가 존재하는 곳입니다. 당신이 타인의 잘못을 탓하기보다는 사랑하는 쪽으로 생각을 전환한다면, 당신은 방금 당신의 관계 전체를 바꾼 겁니다. 당신의 생각을 바꿈으로써 형편없는 관계에서 훌륭한 관계로 변화된 겁니다.

그러므로 당신의 모든 관계는 오로지 당신의 머릿속에 있음을 항상 기억하세요. 로버트 프로스트Robert Frost는 "우리는 우리가 사랑하는 것들을 있는 그대로 사랑한다"라고 했습니다. 이를 잊어버리고 당신 생각에 옳다고 여기는 것을 요구하거나, 그들의 과거가 어떠했는지, 나와는 어떻게 비교되는지를 기준으로 타인을 대한다면, 이는 사랑에서 멀어지는 것이며, 그 관계는 이미 시들어버린 겁니다. 당신은 생각 속에서 모든 것과 모든 사람을 경험합니다. 그러니 당신의 생각을 바꾸세요. 그러면 당신을 떠나지 않고 머릿속에 맴도는 문제도 변할 겁니다.

세상은 원래 돌아가는 자신만의 방식이 있습니다. 경제는 경제대로 그렇지요. 세상에서 '나쁘게' 행동하는 사람들

역시 자기들 방식대로 행동합니다. 당신도 당신이 선택한 대로 삶을 이어갑니다. 당신이 그런 모든 '문제'에 화를 내며 대응한다면, 세상을 분노로 오염시키는 또 하나의 사람이 되는 겁니다.

가장 낮은 에너지를 가지고서라도 뭔가를 하고자 하는 열정은, 당신이 더 사랑하고 더 많이 느끼고 더 많이 평화로워지도록 동기를 부여합니다. 그렇게 하는 동안, 당신은 신에게서 멀어져 있는 사람들이 자신의 근원으로 돌아올 수 있도록 좋은 영향을 미칠 수도 있습니다. 영에 항상 연결되어 있겠다고 결심한다면, 그러기가 가장 어려울 때조차, 끊임없이 증식하도록 설계된 당신의 몸과 완벽한 조화를 이루어 건강한 상태로 만들 수 있습니다. '질병'의 문제를 신에게 넘기세요. 정기적으로 운동하면서 당신의 몸을 존중하고 건강한 음식과 깨끗한 물을 많이 먹고 마시며 충분한 휴식을 취한다면, 당신의 영은 자연스럽게 흘러넘치는 그릇으로서 기능하게 될 겁니다.

신체와 성격으로서의 자신과, 신과 연결된 영적인 존재로서의 자신이 결합하면, 더 높은 사랑과 빛의 에너지를 발산하기 시작할 겁니다. 당신이 어디를 가든 당신 주위의 모든 사람은 당신이 발산하는 신 의식의 빛을 경험할 것이며, 불화와 무질서 등의 모든 문제는 더 이상 당신에게서 발생하지 않을 겁니다. 성 프란체스코의 유명한 기도문의 첫 구절처럼, "신의 평화 도구"가 되세요. 가장 낮은 단계에서 가장 높은 단계로 인간의 의식을 고양하세요. 문제를 만들고 경험하던 마음에서 문제를 해결하는 마음으로 바꾸는 영적인 존재가 되세요.

당신이 타인의 잘못을 찾고 당신의 머릿속에 부정적인 이미지를 새긴다면, 거기가 바로 그 사람과 당신의 관계가 존재하는 곳입니다.

Day 12

의식의 3단계

어제 우리는 사고방식을 바꾸고 인간의 인식을 높이는 것
이 문제를 해결하는 데 어떻게 도움이 되는지 살펴보았습
니다. 오늘은 당신의 인식 수준이 어느 단계에 있는지 측
정하는 데 도움이 될 세 가지 의식 단계를 알려드리고자
합니다.

삶을 돌이켜보며, 다음 세 가지 의식 단계 중 당신이 어디
쯤에 와 있는지 측정해보길 바랍니다. 언제나 한 단계에
만 머물러 있는 사람은 거의 없습니다. 이런 의식의 단계
는 가장 낮은 단계부터 높은 단계까지 나타납니다.

첫째, 에고 의식 단계
에고 의식 단계에서는 주로 자신의 성격과 신체에 초점을
둡니다. 타인으로부터, 자신이 끌어당기고 싶어 하는 모

든 것으로부터, 그리고 신으로부터 자신을 분리하려는 강한 신념을 갖고 있습니다. 이런 태도는 자신의 몫을 차지하기 위해 치열하게 경쟁하도록 만듭니다. 제일 먼저 거기 도달해야 하는 것이 자신의 목표인 것처럼 말이지요. 에고 의식의 단계에서 머물러 살 때는 이기거나 1등이 되는 것이 자신이 할 수 있는 가장 중요한 일인 것처럼 보입니다. 타인과 견주는 경쟁심을 기반으로 자신의 성공을 측정하는 데 상당한 시간을 쏟아붓습니다.

남보다 더 많이 가질 때 우월감이 들 겁니다. 돈을 더 많이 가지면 기분이 더 좋을 수도 있지요. 더 보수가 많아지고 더 명성이 높아지며 승진의 사다리에서 더 높은 곳에 도달하면, 자신에 대해 좋은 평가를 합니다. 에고 의식은 경쟁하고 비교하여 최종 승자가 되도록 부추기고, 결국 타인보다 더 빨리 달리고 더 나은 모습으로 보이는 데 온 신경을 집중하게 만듭니다. 이런 점이 에고 의식의 단계의 문제입니다. 계속해서 또 다른 곳에 도달하고자 늘 고군분투하기 때문에, 내면의 평화가 사실상 불가능하고 성공은 물 건너갑니다.

남은 인생길을 편안하게 걸어가기 위해, 우리는 끊임없이 요구하며 결코 만족시키기 불가능한 이 에고를 다스려야 합니다. 절망, 분노, 증오, 비통, 스트레스와 우울의 감정은 외부적인 기준에 맞춰 살아야 한다는 에고의 불안과 고집에서 비롯한 겁니다. 그 결과, 기준에 미치지 못하거나 제대로 적응하지 못한다는 괴로움이 생깁니다. 에고는 당신이 거의 쉬지 못하게 합니다. 실패했다고 여겨지는 것이 두렵기 때문에, 에고는 점점 더 많은 것을 요구합니다. 당신이 '에고ego'를 넘어 더 높은 단계에 있는 '자신self'에게 더 큰 힘을 실어줄 때, 만족감과 내면의 평화, 성공의 빛을 느끼기 시작할 겁니다.

둘째, 집단 의식 단계

집단 의식은 에고 의식과 매우 비슷하지만, 삶의 중심이나 자신을 넘어 자신이 속한 공동체나 친족의 구성원들도 포함한다는 점이 다릅니다. 개인적인 에고를 제어하고 더 큰 조직, 즉 집단 에고group ego에 합류하는 겁니다. 가족이나 전통, 인종적인 배경, 종교, 언어, 정치적 성향 등을 기반으로 한 여러 조직에 속하게 됨으로써, 그 집단에 소속된 일원으로서 사고하고 행동하도록 요구받습니다.

집단 의식 단계에서 당신은 종종 전쟁, 무자비한 만행, 종교적인 박해 같은 사회문제를 지속적으로 일으키도록 요구받기도 합니다. 이는 수천 년 동안 조상 대대로 전해 내려온 뿌리 깊은 적개심에서 기인한 것으로, 당신의 일상에도 영향을 줍니다. 가족은 자신들의 관점과 같은 시각을 갖기를 당신에게 요구합니다. 즉 자신들이 미워하는 사람들을 우리도 미워하고, 자신들이 사랑하는 사람들을 우리도 사랑하라고 말입니다.

가령 파괴를 일삼는 전쟁 무기를 만드는 회사에 맹목적으로 충실할 수도 있습니다. 당신이 평소에 반대하는 신념인데도요. 하지만 어쨌거나 '내 직업이니까'라며 회사 업무를 수행합니다. 일부 경찰이나 군인은 자신의 동료를 희생양으로 삼기도 합니다. 때로는 그토록 혐오하며 소위 적처럼 여기는 범죄자들보다 더 악랄하게 행동하면서 말입니다. 우리가 자행하는 이런 반인륜적인 행동은, 집단 의식에 기반해 종종 정당화되기도 합니다. 집단이나 가문의 사고방식에 따라 끔찍하게 행동하는 거지요. 요약하면, 집단이 명령하는 것이 당신의 신분증이 됩니다.

어제 이야기했던 것처럼, 문제를 일으킨 그 마음으로는 어떤 문제도 해결할 수 없다는 것을 기억하세요. 집단 의식으로 인한 문제를 해결하려면, 생각을 바꾸어야만 합니다. 그렇지 않으면 계속 그 문제가 당신을 괴롭힐 겁니다. 집단 의식으로 인한 문제를 해결하려면, 결국 가장 높은 단계로 나아가야 합니다.

셋째, 영적 의식 단계

문제로부터 자유로운 영적 의식 단계에서는 분리되어 있기보다 연결되어 있다는 느낌을 갖게 됩니다. 영적 의식 단계에서 당신은 모든 인간, 모든 생물, 지구 전체, 그리고 신과 연결되어 있다고 느낍니다.

연결되었다는 느낌은 우리 모두가 하나이며, 타인을 해치는 것이 우리 자신을 해치는 것과 같다는 진실을 깨닫게 합니다. 경쟁은 협동으로 대체되고, 증오는 사랑으로 해소되며, 슬픔은 기쁨으로 채워집니다. 이 단계에서, 당신은 어떤 하위 집단의 일원이 아니라, 전체 인류의 한 구성원으로서 존재합니다. 어떤 한 국가에만 소속되어 있는 국민이 아니라 지구적 의식을 지닌 인간으로 존재하는 거지요. 이런 영적 의식을 가지면 당신은 어떤 누군가로부터, 어떤 것으로부터, 신으로부터 분리되었다고 느끼지 않게 됩니다. 당신이 가진 것이나 성취한 것으로 평가되지 않습니다. 당신에 대한 타인의 생각에서도 자유로워질 수 있습니다. 당신은 사랑받는 존재가 될 것이며, 당신의 마음도 변하게 될 겁니다. 생각의 환상일 뿐인 문제는 더 이상 당신 주위를 떠돌며 괴롭히지도 않을 겁니다.

위대한 인도주의자 마하트마 간디Mahatma Gandhi가 이르길, "인간은 타인의 행복을 위해 헌신한 정도에 따라 위대해진다"고 했습니다. 이것이 바로 영적 혹은 신 의식의 단계입니다. 에고 의식과 집단 의식의 사고 단계를 벗어나 더 높은 수준인 영적 의식 단계로 변하면서 모든 문제로부터 자유로운 존재로 살아갈 수 있게 됩니다. 여기서 헨리 데이비드 소로의 말을 진실로 이해할 수 있습니다. "더 많이 사랑하는 것 외에 다른 치료법은 없다."

에고 의식과 집단 의식의 사고 단계를 벗어나 더 높은 수준인 영적 의식 단계로 변하면서 모든 문제로부터 자유로운 존재로 살아갈 수 있게 됩니다.

Day 13

정당한 분노는 없다

사람들이 이렇게 말하는 걸 들어왔을 겁니다. "부당한 대우를 받으면 화내는 게 당연해. 내게는 화내도 되고, 언짢아도 되고, 우울해도 되고, 슬퍼해도 되고, 분노해도 될 권리가 있어." 저는 이런 종류의 사고방식을 피하는 법을 배우는 것이 내면의 평화와 성공, 행복을 누리는 삶을 살아가는 데 가장 중요하다고 생각합니다. 당신이 어느 순간 분노에 찬다면, 삶의 감정적 통제권을 타인에게 넘기는 꼴이 됩니다. 오늘의 주제는 당신 삶의 모든 것에 책임을 지는 것에 대한 겁니다.

이 교훈이 얼마나 강력한지 깨달은 것은, 몇 년 전 열두 명이 모인 어느 모임에서였습니다. 그 사람들은 알코올 중독과 마약 중독에서 회복하고 있었습니다. 그 열두 명 모두 남을 탓하는 데 이골이 나 있었어요. 자신들이 어떻게 자기 파괴적인 방식으로 살게 되었는지 합리적인 근거들을 대면서, 자기들이 나약해진 원인을 남의 탓으로 돌리는 데에 익숙했지요. 하지만 우습게도 그 방에는 이런 말이 적힌 포스터가 걸려 있었습니다. "이 모임에선 어떤 분노도 정당하지 않습니다."

다른 참가자들에게 어떤 말을 하든, 어떤 적대적이고 추잡한 비난을 늘어놓든, 그들 모두는 이미 어떤 분노도 정당화될 수 없다는 말을 들었습니다. 이 말이 자신에게 도움이 될 수 있는지 스스로 선택하기 전에, 그들이 누구를 원망하고 있는지를 먼저 고려해야 할지도 모릅니다. 어쨌거나 원망은 당신을 예전 방식으로 돌아갈 구실을 제공합니다. 이런 원망과 분노야말로 애초에 그들을 여기까지 이끈 겁니다!

분노가 있는 이유

〈누가 백만장자가 되고 싶은가? Who Wants to Be a Millionaire?〉라는 인기 TV 쇼를 한 번쯤은 들어보셨을 겁니다. 참가자가 열다섯 가지의 객관식 문제의 정답을 맞히면, 100만 달러의 상금을 받게 됩니다. '핫 시트'에 앉은 사람은 100달러 문제부터 시작해서 5개의 문제를 모두 맞히면 1,000달러짜리 문제에 이르게 됩니다. 이 시점에서 참가자는 지금까지 획득한 상금을 보장받습니다. 만약 포기하지 않고 계속 도전한다면 난이도가 높은 문제에 도전하게 됩니다. 참가자가 32,000달러짜리 문제에 도달하면, 다시 한번 그 금액을 가지고 떠나도 좋다는 사회자의 말을 듣게 됩니다. 즉 참가자가 달성해야 할 두 가지 중요한 단계가 있는 겁니다. 비교적 간단한 문제 5개를 맞히면 달성할 수 있는 1,000달러짜리 단계와 점점 어려워지는 문제 5개를 맞혀야 하는 32,000달러짜리 단계가 그것이지요.

가장 높은 의식 단계에 도달하기 위해 달성해야 하는 두 단계를 TV 프로그램에 비유해서 상세하게 설명드렸습니다. 1,000달러짜리 단계는 삶에서 비난하는 태도를 버리는 법을 배우는 단계입니다. 그렇게 하지 않으면 집에 갈 때 빈손으로 가게 되지요.

비난하는 태도를 버리는 것은, 당신이 그동안 겪어온 일에 대해 그 누구에게도 책임을 전가하지 않음을 의미합니다. 기꺼이 이렇게 말하는 걸 뜻하지요. "내가 왜 이런 기분을 느끼는지, 왜 이런 병에 걸렸는지, 왜 이런 피해를 입었는지, 왜 이런 사고가 생겼는지 이해하지 못할지도 모르지만, 죄책감을 느끼거나 어느 누군가의 탓으로 돌리며 원망하지 않겠어. 어쨌거나 그 일은 이미 벌어졌고, 내 삶에 그런 일이 있는 것은 내 책임이니까." 왜 이렇게 해야 할까요? 그런 현실을 받아들이고 책임을 지려 한다면, 최소한 그런 일을 해소하려고 하거나 그것으로부터 배울 수 있는 기회가 될 수 있기 때문입니다.

당신이 원인을 잘 모르는 편두통이나 우울한 느낌 있을 때, 그것을 없애려고 하거나 그것이 보내는 메시지가 무엇인지 스스로 알아내려고 노력할 수 있습니다. 다른 한편으로, 당신이 아닌 누군가나 다른 무언가에 책임이 있다고 생각한다면, 당신이 나아지기 위해 그것들이 바뀔 때까지 기다려야만 하겠지요. 하지만 그런 일은 일어나지 않습니다. 그러니 1,000달러 단계에서 비난은 사라져야 합니다. 그렇지 않으면 당신은 빈손으로 집에 가야 하고, 더 높은 단계로 나아갈 수 없게 됩니다.

당신은 틀림없이 두 번째 32,000달러짜리 문제 단계를 통과하려 할 겁니다. 더 숭고한 자기 실현과 더 높은 의식의 단계인 100만 달러짜리 영적 단계로 나아가기 위해 반드시 직면해야 하는 마지막 장애물이지요. 이 단계에서는 자신에게 무슨 일이 일어나든지 거기에 대한 반응으로, 더 높고 빠른 에너지인 사랑, 평화, 기쁨, 용서, 친절을 기꺼이 보내야 합니다. 이것이 바로 당신이 베풀 수 있는 유일한 사랑이 있는, 많은 사람으로 붐비지 않는 길로 가는 시작점입니다.

누군가가 당신에게 불쾌한 말을 했을 때, 화를 내기보다 오히려 온화한 태도로 당신이 방금 들은 이야기를 객관화 할 수도 있습니다. 당신은 시시비비를 가리지 않고 친절하기만 하면 됩니다. 다른 사람의 잘못을 지적하거나 앙갚음할 필요도 없습니다. 이것이 당신을 위한 일입니다. 이와 관련된 중국 속담이 있습니다. "당신이 복수하려고 하면, 무덤을 두 개 파는 격이다." 당신의 원한은 당신을 파멸시킬 겁니다. 그 원한은 낮은 에너지입니다. 언젠가 당신은 이 개념을 완전히 이해한 다른 사람을 만나게 될 겁니다. 이 단계에 도달하지 못한 이들은 모두 이미 오래 전에 더 쉬운 단계에서 집으로 돌아갔고, 그들 대부분은 여전히 자기가 왜 빈손으로 돌아갔는지 궁금해하고 있겠지요. 장담컨대, 그들은 자신의 빈손을 남의 탓으로 돌리고 있을 겁니다.

당신은 지난 시절의 비난을 다루어야만 합니다. 이후 분노하거나 원망하는 대신 모든 이에게 사랑을 보내는 법을 배워야만 합니다. 비난과 비판과 조롱을 일삼던 사람에게 항상 사랑과 친절과 평화를 가지고 대응했던 붓다의 이야기가 있습니다. 붓다를 모시던 제자 중 한 명이 그런 비난과 욕설을 마주하면서도 어떻게 그렇게 친절하고 평화로울 수 있는지 스승에게 물었습니다. 붓다는 대답합니다. "누군가 자네에게 선물을 주었을 때, 자네가 그 선물을 받지 않으면 그 선물은 누구의 것이 되겠는가?" 이제 우리 자신에게 물어봅시다. "다른 사람이 가지고 있는 것을 왜 원한의 근원으로 삼으려 합니까?" 테리 콜휘태커Terry Cole-Whittaker가 쓴 《당신이 날 어떻게 생각하든 내 알 바 아니다What You Think of Me is None of My Business》라는 유명한 책 제목처럼, 참으로 그렇습니다. 인생의 길에서 내면의 평화와 성공을 즐기고자 한다면, 어떠한 길에서도 분노와 원한은 정당하지 않습니다.

원망은 당신을 예전 방식으로 돌아갈 구
실을 제공합니다. 이런 원망과 분노야말로 애초
에 그들을 여기까지 이끈 겁니다.

Day 14

불쾌한 일 피하기

당신이 낮은 의식 단계에 머물러 있다면, 어떤 불쾌한 일이 생길 때 그것 때문에 시간과 에너지를 상당히 낭비하게 됩니다. 오늘 우리는 타인에 의해 기분 상하지 않고 사랑과 용서로 긍정적으로 대응하는 방법을 주의 깊게 살펴보고자 합니다.

뉴스 기사들, 경기 침체, 무례한 사람들, 어울리지 않은 옷차림, 누군가의 욕설, 재채기 소리, 먹구름, 그냥 구름, 때론 아무 구름이 없어도 당신이 기분 상할 만한 상황을 일부러 찾노라면, 거의 모든 것이 당신을 짜증 나게 할 수 있습니다. 하지만 아무리 애써도 당신은 그런 짜증 나는 상황을 만든 장본인을 만날 수 없을 겁니다.

어떤 사람, 어떤 일, 어떤 상황 때문에 언짢아하지 마세요.

못마땅한 어떤 일이 생겼을 때, 마음에 느껴지는 것을 말해보세요. 가능한 한 그것을 없애려고 노력한 다음 놓아버리세요. 사람 대부분은 에고를 작동시켜 자신이 옳다는 것을 인정받고 싶어 합니다. 당신이 부적절하다고 여기는 것에 대해 누군가 말하는 것을 들었을 때, 그것이 백 번이고 그들이 틀렸다는 것을 알았다 하더라도 옳고 그름에 대한 생각은 잠시 잊으세요. 대신 이와 같이 말하세요. "당신 말이 맞아!" 이렇게 말하면 잠재적인 갈등과 당신이 받는 불쾌감을 끝낼 수 있습니다. 당신의 바람은 당신이 무조건 옳아야 한다거나 상처받고 화내고 분개하는 것이 아니라, 평화로워지는 겁니다. 당신의 신념을 충분히 믿는다면 타인의 신념과 행동으로 상처받는 것이 불가능하다는 것을 알게 됩니다.

이렇게 말하는 것이 상처받지 않는 한 방법입니다. "내가 어떻게 느낄지는 나 스스로 관리할 수 있어. 주변에 어떤 일이 벌어지든 간에 나는 평화를 누리는 걸 선택할 거야." 기분이 상했다면, 이러쿵저러쿵 타인을 판단하고 있음을 의미합니다.

타인이 어리석고 둔감하며 무례하고 거만하며 경솔하고 아둔하다고 판단할 수도 있습니다. 그러고 나면 그 사람의 행동에 당신의 기분이 상하고 화가 날 수 있을 겁니다.

당신은 깨닫지 못하고 있을 테지만, 당신의 마음속에서 타인을 판단하는 행위가 일어난다고 칩시다. 그 판단으로 그들이 규정되는 게 아닙니다. 오히려 당신 자신을 타인을 판단할 수 있는 사람으로 규정하는 셈이 되지요.

어느 누구도 자신의 잣대로 당신을 평가할 수 없듯이, 당신도 타인을 이러쿵저러쿵 규정할 권리가 없기는 마찬가지입니다. 당신이 남을 평가하지 않고 그저 관찰만 하는 사람이 된다면, 제가 지금 여기서 말하는 내면의 평화에 대해 알게 됩니다. 내면의 평화를 느끼면, 원망이라는 부정적인 에너지로부터 자유로워져서 만족하는 삶을 살게 됩니다. 그뿐 아니라 심지어 그동안 당신을 힘들게 하던 타인이 훨씬 더 매력적으로 다가올 겁니다. 평화로운 사람은 평화로운 에너지를 끌어당깁니다. 당신이 평화롭지 않으면 신을 알 수 없습니다. 신이 곧 평화이니까요.

상처에 골몰하는 동안 분노하는 감정이 일어나는 상황은 문자 그대로 당신의 삶에서 신을 내보낸다는 의미입니다. 상처받지 않는다는 것은, 결국 온갖 종류의 부정적인 말에서 자유로워지고, '당신이 조금만 더 내 마음처럼 행동했으면 내가 이렇게 지금처럼 화가 나진 않았을 텐데'와 같은 생각과 여기서 변형 가능한 모든 레퍼토리를 아예 없애버린다는 의미입니다. 당신은 당신이고 그들은 그들입니다. 대부분의 경우 그들은 결코 당신의 마음처럼 될 수 없지요. 그러니 다른 이들이 당신이 원하는 모습으로 변하리라는 기대를 하지 마세요. 결코 그런 일은 일어나지 않을 테니까요.

세상과 모든 사람이 마땅히 이러이러해야 한다고, 당신이 생각하는 상태가 되길 바라는 것은 당신의 에고입니다. 당신의 더 높고 숭고한 자신은 평화 외에는 어떤 것도 원하지 않으며, 세상을 있는 그대로 봅니다. 당신의 에고가 좋아할 만한 모습이 아닌 거지요. 당신이 증오를 가지고 반응하면, 그 증오가 당신에게 옵니다. 이는 당신도 이미 문제의 일부가 되었음을 의미합니다. 더 이상 당신은 문제의 해결책, 즉 사랑이 아닌 거지요. 사랑은 원한이 없으며 용서의 손길을 내밉니다. 사랑과 용서는 당신이 무엇에 대항해서 살아가는지보다 무엇을 위해 살아가는지를 가르쳐주며, 이에 대해 영감을 줄 겁니다. 당신이 폭력과 증오에 대항해서 적대적인 태도를 견지하면, 당신은 폭력과 증오에 대한 당신만의 무기로 또 다른 싸움을 하게 될 뿐입니다. 당신이 사랑과 평화를 위해 존재한다면, 당신은 그 에너지를 폭력이 있는 곳으로 가져가 최종적으로 증오를 무장해제시킬 겁니다. 테레사 수녀가 베트남전쟁에 반대하는 시위에 참여 요청을 받았을 때, 그녀는 이렇게 대답했습니다. "아니요. 저는 하지 않겠습니다. 하지만 평화를 위해 행진한다면 거기에는 기꺼이 참여하겠습니다."

용서와 원한

사실 모든 영적인 훈련의 뿌리에 자리한 개념은 용서입니다. 십자가에서 고문당했던 예수에게서 나온 겁니다. 로마의 군인은 그의 옆구리를 창으로 찌르기까지 했습니다. 그러나 예수는 자신을 십자가에 못 박은 사람들을 용서했지요. 용서는 적개심과 복수심이라는 낮은 차원의 에너지를 삶에서 완전히 없애기 위해 당신이 할 수 있는 최선의 치유 방법이 될 수 있습니다.

이전에 당신에게 해를 끼치거나 당신을 속이거나 당신에게 사기치거나 매우 무례한 말을 한 사람들을 한 사람씩 생각해보세요. 그들은 오직 당신의 맴도는 생각 안에서 영향을 미칠 뿐입니다. 이런 원한, 분노, 증오는 천천히 당신의 영향력을 빼앗으며 당신을 약화시킵니다. 당신이 그 생각들을 풀어줄 때, 평화에 대해 더 많이 알게 됩니다.

용서를 실천할 이유를 두 가지 말해보겠습니다. 우선, 그 사람을 더는 적대시하지 않음을 그들이 알게 하기 위함입

니다. 그다음, 분노라는 자기 파괴적인 감정의 에너지로
부터 당신을 자유롭게 하기 위함이지요.

원한은 뱀에게 물린 후 체내에 흘러 들어가는 독과 같습
니다. 물린 자국이 당신을 죽이지는 않습니다. 죽이는 것
은 결국 독입니다. 하지만 당신은 분노라는 감정을 밖으
로 흘려보내기로 결정하면서 독을 제거할 수 있습니다.
당신에게 잘못한 사람에게 어떤 형태로든지 사랑을 보내
면, 당신의 기분이 얼마나 더 좋아지고 얼마나 더 평화로
워지는지 알아차릴 수 있습니다. 사실 이것은 제 친아버
지를 향한 용서의 행동이기도 했습니다. 저는 한 번도 아
버지를 본 적도, 말을 나눠본 적도 없었습니다. 하지만 용
서는 평범한 자각만 하며 살던 제 삶을 더 높은 의식으로,
성취로, 성공으로 나아가게 했습니다. 그건, 이전에는 제
가 감히 상상하지도 못했던 것이었습니다.

원한, 분노, 증오는 천천히 당신의 영향력을 빼앗으며 당신을 약화시킵니다. 당신이 그 생각들을 풀어줄 때, 평화에 대해 더 많이 알게 됩니다.

Day 15

되고 싶은 것을
이미 이룬 것처럼

스스로 계획하고 상상한 것이 무엇이든, 지금 당장엔 그것이 매우 높고 불가능하게 보일지라도, 당신이 되고 싶어 하는 것을 현실 속에서 이미 이룬 것처럼 행동하라고 말씀드립니다. 오늘 우리가 다룰 주제는 바로 이겁니다. 꿈을 실현시킬 힘을 만들고 움직이게 하는 놀라운 방법이지요.

자신 속에 잠자고 있는 창조적인 힘을 실제로 실현시키려면 보이지 않는 세계, 형상 너머의 세계로 나가야만 합니다. 눈에 보이는 형상으로 창조되는 세계에 존재하지 않는 곳입니다. 당신은 형상이 있는 곳에서 정보를 받아들인다고 생각할지도 모릅니다. 당신이 영적인 세계로 이동할 때, 당신은 영감을 받게 됩니다. 이 영감의 세계는 당신이 원하는 어떤 것에 다가갈 수 있도록 이끌 겁니다.

영감을 받았다는 것

약 2천 년 전 파탄잘리Patanjali라는 고대 스승이 기록한 말이 있습니다. 살면서 읽어온 가장 중요한 조언 중 하나지요. 그는 자기를 따르는 자들에게 영감을 얻으라고 가르쳤습니다. '영감inspire'이라는 단어의 어원은 'in'과 'spirit'에서 유래했지요. 영감이란, 모든 한계를 뛰어넘는 마음, 모든 결박을 부수고 모든 방향으로 의식을 확장하는 마음이라고 파탄잘리는 말했습니다. 당신이 어떻게 영감을 받는지 살펴보겠습니다.

당신의 생각을, 당신이 되고 싶어 하는 것에 두세요. 화가, 음악가, 컴퓨터 프로그래머, 치과의사 등 무엇이든 상관없습니다. 당신의 생각 속에, 당신 자신을 그런 일을 할 수 있는 기술을 갖춘 사람으로 그려보세요. 한 치의 의심도 없이요. 단지 인지만 하면 됩니다. 그리고 이런 것들이 이미 당신의 현실에서 이뤄진 것처럼 행동해보세요. 화가를 꿈꾸면 당신의 비전은 그림을 그리고, 미술관을 방문하고, 유명한 화가들과 교제하고, 예술의 세계로 발을 들이기 시작할 겁니다. 다른 말로 하면, 당신의 모든 삶의 영역에서 화가처럼 행동하기 시작한다는 말입니다. 이런 방식으로 당신은 영감에 물을 주고 꽃을 피우며 길러내는 동시에, 당신의 한계 안에서 나와서 자신의 운명을 책임지게 됩니다.

당신이 스스로 되고 싶어 하는 어떤 존재를 명확하게 보면 볼수록 더 많은 영감을 받게 됩니다. 파탄잘리가 말한 대로, 잠자는 힘이 살아 움직이게 되고 이전에 꿈꾸던 모습보다 더 위대한 사람으로 거듭나게 됩니다. 죽어 있었거나 혹은 존재하지 않았던 힘이 살아서 튀어나와 당신과 함께 협업하는 모습을 상상해보세요. 당신이 영감을 받아 행동한 결과로서 마치 당신이 원하는 것이 이미 여기 있는 듯 말입니다!

용기를 내어 당신이 되고 싶어 하는 모습을 이미 이룬 존재로서 자신을 드러내면, 새롭고 흥미진진하고 영적인 방식으로 살도록 자신을 북돋을 겁니다. 당신이 선택한 직업 이외의 분야에도 이런 원리들을 적용할 수 있습니다. 당신은 지금 결핍이 있는 삶을 살 수도 있고, 많은 이가 갖춘 좋은 것들이 아직 당신에게 없을 수도 있습니다. 하지만 지금이 아마 당신의 사고와 행동이 변하는 시점이 될 수도 있습니다. 마치 당신이 갖고 싶어 하는 것이 이미 여기 있다고 생각해보세요.

꿈에 그리던 멋진 자동차를 상상해보세요. 침실 문이나 냉장고 문에도 사진을 붙여보세요. 이왕이면 당신이 운전하고 있는 자동차의 대시보드에도 붙여보세요. 자동차 전시장을 방문해 운전석에 앉아도 보고, 새 차가 풍기는 냄새도 맡아보세요. 당신의 손을 좌석 위에 대어보고, 운전대도 잡아보고, 차 주위를 걸으며 차의 라인을 감상해보세요. 시승도 해보며 이 차를 몰 수 있게 될 때를 실감 나게 상상해보세요. 당신은 이 차의 아름다움에서 영감을 받고, 그 차는 당신의 삶에 들어오게 될 겁니다. 어떤 방법으로든 어떻게 해서든, 이 차는 당신의 것이라고 생각하세요. 다른 이들에게 당신이 얼마나 이 차를 좋아하는지 이야기해보세요. 당신이 컴퓨터 근처에 갈 때마다 볼 수 있도록 컴퓨터 스크린에도 사진을 띄워놓으세요.

이런 모든 방법이 당신에게 우습게 보일지도 모르겠습니다. 그러나 당신이 원하는 것을 이미 얻은 것처럼 영감을 받고 행동할 때, 이런 잠자는 능력을 깨워 당신의 현실에서 실현할 수 있게 작동될 겁니다.

모든 곳으로 영감 확장하기

설명한 대로 이렇게 살아보면 당신의 삶에 습관적인 길이 생깁니다. 이는 속임수도 아니고 거만한 것도 아니고 타인을 해치는 것도 아닙니다. 당신과 신 사이에 조용한 동의가 포함되어 있는 겁니다. 그 안에서 당신은 우주의 힘과 조심스럽게 조화를 이루는 가운데 당신의 꿈이 현실이 되게 합니다. 성공과 내면의 평화가 당신의 천부적인 권리임을 아는 것을 기반으로 이 과정이 이뤄집니다. 당신은 신의 자녀이므로 기쁨과 사랑과 행복으로 가득한 삶을 누릴 자격이 있습니다.

당신이 사랑하는 사람들, 직장 동료, 가족과 함께하면서 실현시키고 싶은 것들이 이미 이루어진 듯 행동하세요. 직장에서 조화를 이루고 싶다면, 이런 조화에 대한 명확한 비전과 기대를 계속 유지하세요. 출근하면서 모든 사람과 평화롭게 지내다가 퇴근할 거라고 생각하세요. 누구를 만나든, 당신의 평온한 퇴근 시간에 대한 기대가 머릿속에 떠오르며, 당신에게 다가오는 것이 허사가 되지 않도록 평화롭고 조화로운 방식으로 행동하게 됩니다. 더욱이 자신뿐만 아니라 타인도 평화롭고 조화로운 존재로 바라보게 됩니다.

이런 기대가 있다면 다음과 같이 말하게 됩니다. "오늘 오후의 프로젝트를 위해 당신이 모든 걸 잘 준비할 거라고 믿습니다." 이런 말은 하지 않게 됩니다. "매사에 늦는군요. 제발, 당신이 빈틈없이 일하는 모습 좀 보고 싶네요." 타인을 이런 식으로 대우하면, 그들도 당신이 이미 말한 그대로 자기 역할을 하기 위해 거기에 걸맞은 행동을 하게 되지요.

당신 가족 사이에서, 특히 자녀들과의 관계에서, 이런 경구를 항상 마음에 새기는 것이 중요합니다. "잘하는 순간을 포착하라." 그들이 가지고 있는 내재적인 총명함을 상기시키세요. 그들이 지닌 책임감의 크기, 타고난 재능, 그들의 환상적인 능력을 다시금 깨닫게 하세요. 자녀들을 책임감이 넘치며, 총명하고, 매력적이고, 존경할 만한 존재로 대우하세요. "너는 정말 훌륭해. 내가 너에 대해 인터뷰한다면 해줄 수 있는 아주 좋은 말들이 가득해." "넌 정말 똑똑해. 공부 열심히 하면 틀림없이 시험 잘 볼 거야." "너는 항상 신과 연결되어 있고, 신은 아픔을 만들지 않는단다. 내일 이맘때면 너는 훨씬 기분이 좋아져 있을 거야."

자녀들이나 부모님, 형제 자매, 심지어 먼 친척들을 대할 때 그들과 만나는 시간이 매우 좋아서 앞으로도 계속 만남을 유지하고 싶다는 마음을 보이세요. 그들의 바보 같은 모습이나 말을 지적하는 대신 훌륭함을 칭찬할 때, 당신이 보게 될 것은 그들의 훌륭함입니다. 상대방이 누구든 간에, 할 수 있는 만큼 자주 이 원칙들을 적용하세요. 어떤 상황이 잘 풀리지 않을 때 자신에게 물어보세요. '내가 이 관계를 있는 그대로 받아들이고 있나, 아니면 내가 원하는 대로 대하고 있나?' 어떻게 되기를 바라나요? 평화로운 관계? 조화로운 관계? 서로 만족하는 관계? 존중하는 관계? 사랑하는 관계? 물론 당신은 그렇게 하고 있습니다. 다음에 누구를 만나기 전 이런 방식으로 점검해 보세요. 내면의 평화와 성공에 더 초점을 둔 질 높은 관계를 기대하면서요.

타인의 잘못을 지적하기보다 타인의 사랑스러운 점을 발견하는 자신을 대견하게 생각하세요. 그러면 타인도 불친절하고 언짢게 하는 방식 대신 사랑스럽고 조화로운 방법으로 당신을 대우하게 됩니다. 자신의 현재 상황만 보는 좁은 시야에서 벗어나 자신이 발산한 것에 대한 결과를 볼 수 있는 능력이 있다면, 이런 좋은 결과물을 가져올 수 있는 방식으로 행동하게 될 겁니다.

이런 삶의 전략은 모든 것에 그대로 적용됩니다. 저는 대중에게 연설하기 전에 항상 그들을 사랑스럽고, 지지할 만하며, 멋진 경험을 한 존재로 바라봅니다. 제가 작가라고 해서 글쓰기 전에 대중과 담을 쌓지 않습니다. 저는 독자 대중을 영감을 받은 존재로 인식하며, 언제든 제게 영적인 조언을 해줄 수 있는 존재로 생각합니다.《기적 수업》에서, 다시 한번 되새겨볼 말을 찾아봅니다. "내 옆에 항상 동행하는 이를 안다면, 두려움을 겪을 일은 없다."
이것이 바로 영감의 본질입니다. 당신이 되었으면 하고
바라는 관점에서 미래를 보면, 바로 그 방식으로 당신이
행동하게 됩니다.

용기를 내어 당신이 되고 싶어 하는 모습을 이미 이룬 존재로서 자신을 드러내면, 새롭고 흥미진진하고 영적인 방식으로 살도록 자신을 북돋을 겁니다.

Day 16

동시성과 영감

우연의 일치란 없습니다. 동시에 발생하는 어떤 것은 함께 맞물려 강력한 힘을 발휘합니다. 당신이 당신과 함께하는 우주의 힘을 작동시킬 때, 당신은 영적인 상태로 이동하고 영감을 받습니다. 오늘은 동시성과 영감에 대해 살펴보려고 합니다.

모든 것이 영에 의해 인도되기 때문에, 당신이 생각하는 것이 거의 그대로 현실로 나타나게 되며, 생각과 결과 사이의 차이가 미미해집니다. 당신이 실현시키고 싶은 것에 에너지를 더 많이 사용함에 따라, 그런 생각이 구체적으로 실현되는 거지요.

특정한 사람을 생각하면, 그 사람은 '신비롭게' 나타날 겁니다. 연구에 필요한 책을 찾을 수 없다가도, 그 책은 어느 순간 '신비롭게' 당신 앞에 모습을 드러낼 겁니다. 당신이 휴가 때 갈 곳을 염두에 두고 정보를 원한다면, 어떤 방식으로 그 정보가 '신비롭게' 와 있을 겁니다. 당신의 매우 강력한 사고와 우주가 동시에 작용해 흔히 '신비'라고 불리는 모든 것이 당신에게 보일 겁니다.

이런 것들이 실현되도록 결정할 수 있다는 생각을 염두에 두어야 합니다. 열정적으로 창조하고 싶어 하는 것에 항상 사랑을 쏟아부은 채 에너지장을 유지함으로써 가능하지요. '끌어당김의 법칙'이 작동하게 되어, 당신의 생각은 문자 그대로 끌어당기는 에너지가 됩니다. 처음엔 깜짝 놀랄 만큼 거의 믿기 어려운 것으로 보일 겁니다. 하지만 당신이 영 안에 머물러 있어 마치 원하는 것이 이미 나타난 것처럼 행동하면, 점점 놀라지 않게 될 겁니다.

언제나 그런 것처럼 당신이 신과 연결되어 있다면, 바로 이런 동시성을 당신의 일상에 가져오는 영적인 힘을 갖게 됩니다. 당신이 생각하는 범위가 더 확장됨을 금방 깨닫게 됩니다. 그럼으로써 무엇을 생각하든지 간에 더 신중하고 조심스럽게 되지요. 당신을 '마치 ~인 것처럼' 생각하는 과정은 당신의 감정 상태에 영향을 미치며, 결국 마음을 휘저어 행동하게 할 겁니다.

만나는 모든 이를 선한 의도를 가지고 대우하세요. 그들의 훌륭한 자질을 축하하세요. 이 모든 것을 '마치 ~인 것처럼' 대하면, 당신의 가장 높은 기대에 따라 그들이 반응할 겁니다. 이 모든 것이 당신에게 달려 있습니다. 이것이 가능하다고 생각하든 불가능하다고 생각하든, 어느 쪽으로 결정하든 당신이 옳습니다. 당신이 어디를 가든 생각하는 대로 이루어질 테니까요.

생각에서 감정, 행동에 이르기까지, 영감을 유지하고 자신이 원하는 모습과 일치하는 방식으로 자신을 드러낼 때, 모두 긍정적으로 반응할 겁니다. 스스로 분명히 밝히세요. 천재라고, 전문가라고, 풍요로운 분위기를 지니고 있다고 선언하세요. 그리고 행동으로 옮길 수밖에 없는 열정을 가지고 비전을 유지하세요. 그러면 당신은 끌어당기는 에너지를 내보내게 됩니다. 그리고 그 에너지는 당신이 분명하게 밝힌 선언들이 구체적으로 이루어지도록 당신을 실제로 행동하게 만들 겁니다.

작은 발걸음 하나가 당신이 원하는 것에 진동을 일으키기 시작합니다. 자연과 가까이 살기를 원한다면, 당신이 꿈꾸는 장소를 방문할 계획을 짜서 그런 분위기를 자아내는 곳으로 찾아가보세요. 이러한 경험이 작은 발걸음이 됩니다. 그렇게 할 수 있는 상황이 아니거나 혹은 아직 준비가 되지 않았다면, 독서나 영화 관람, 전시회 관람 등을 통해 간접적인 경험을 할 수도 있습니다. 중요한 건 당신이 영에게 제공하는 생각과 행동의 진동 에너지에 주의를 기울이는 겁니다.

제 딸 스키예는 자신만의 곡으로 앨범을 내고 싶어 했습니다. 혼자서 작사·작곡을 하고, 녹음하고, 스튜디오를 빌리고, 뮤지션을 섭외하는 일은 꽤나 부담스럽고 만만찮은 일처럼 보였지요. 스키예는 자신이 받은 영감을 이루는데 계속 수줍어하고 미적거렸습니다. 그래서 저는 딸에게 작은 한 걸음만 내디뎌보라고 응원하고 용기를 북돋았습니다. 딱 한 곡만 써보라고 말이지요. 그리고 제목과 마감시한을 정해보라고 제안해주었습니다. 그러고 나서 딸이 피아노 옆에 앉아 자신의 영감에 완전히 몰두해 창작하기 시작했지요. 저는 기뻐하며 그 모습을 자랑스럽게 지켜보았습니다. 하나의 작은 발걸음이 제 딸을 영감의 길로 이끈 거지요. 성공학의 대가인 나폴레온 힐Napoleon Hill이 말하지 않았던가요? "당신이 위대한 일을 할 수 없다면, 위대한 방식으로 작은 일을 하라. 큰 기회를 기다리지 말라. 평범한 일상의 기회를 잡아서 위대하게 만들라"고요.

시간에 초점을 맞추기보다 신과 연결되어 있을 것

당신이 원하는 모든 것은 당신이 근원 에너지와 일치할 때만 당신 삶에 도달하게 될 것임을 기억하세요. 당신의 에고는 신의 질서에 따르도록 설득되지도 않고 그렇게 결정하지도 않습니다. 하지만 신은 자신이 좋다고 여기며 준비되었을 때만 자신의 비밀을 드러냅니다. 당신의 할 일은 시간에 초점을 맞추기보다는 당신의 근원인 영에 연결하는 겁니다. 신에게 도전하고 반응을 요구하는 대신 더 신처럼 되려고 해야 합니다. 당신이 해야 할 일은 삶에 일어난 모든 것을 이해하고 받아들이는 겁니다. 그것들이 때론 모순적이고, 문제가 많으며, 당신이 자초한 것이라 하더라도 말이지요. 당신의 진실한 영이 모습을 드러내기 위해서는 이런 장애물이 필요할지도 모릅니다.

당신의 일정에 따르도록 신에게 요청하기보다, 모든 것이 신의 질서 안에 있음을 상기하면서 그것들을 내려놓고 순종하는 것이 좋습니다. 조바심을 내고 조르기보다 신의 뜻에 따라 영감이 흘러가게 할 때 훨씬 더 성공할 수 있습니다. 언제나 그랬듯, 신이 실현하는 당신의 임무는 더 신처럼 되는 겁니다. 이 말은, 언제나 완벽한 일정에 순종함을 의미하지요. 당신에게는 실수로 가득 찬 것처럼 보일지라도 말입니다.

만나는 모든 이를 선한 의도를 가지고 대우하세요. 이 모든 것을 '마치 ~인 것처럼' 대하면, 당신의 가장 높은 기대에 따라 그들이 반응할 겁니다.

Day 17

타인에게 영감 주기

삶 속에서 우리는 학생이면서 동시에 선생이기도 합니다. 될수록 많은 타인에게 그들이 원하는 것들을 줌으로써 우리는 가장 잘 배울 수 있습니다. 기회가 되는 대로 그렇게 하세요. 이때 우리에게 영감을 주는 에너지를 늘리기 위해 의도적인 노력을 기울여야 하지요. 그렇게 하면 우리는 영적인 학습자이자 교사가 동시에 될 수 있습니다. 오늘 우리는 타인에게 영감을 주는 법을 살펴보고자 합니다.

영적인 스승들은 단지 자신의 존재만으로도 타인에게 영감을 줄 수 있는 경지에 이르기도 합니다. 자신의 일상에서 진동하는 주파수를 고양해온 거지요. 이것은 당신이 추구해야 할 기준점입니다. 굳이 학위가 필요한 것도, 수업 계획서라든지 보고서가 필요한 것도 아닙니다. 저는 여기서 타인에게 영감을 주기 위해 매일 일상에서 할 수 있는 일에 대해 이야기 하려고 합니다.

친절하게 행동하기

당신 스스로 영감의 원천이 될 기회를 찾으러 다닐 수 있습니다. 예를 들어, 비행기를 탈 때, 저는 '낯선 사람'에게 일종의 서비스를 할 기회를 찾기도 합니다. (제가 따옴표를 넣은 이유는 실제 우주에서 낯선 사람이 없음을 강조하기 위함입니다.) 몸이 불편한 승객의 수하물을 머리 위 짐칸에 넣을 수 있도록 도와주는 것도 완벽한 기회입니다. 이를 지켜보는 다른 승객에게 영감을 줄 수 있고, 동시에 자기 자신도 영감을 주고받는 소명에 귀를 기울일 수 있기 때문이지요.

저는 제 도움을 필요로 하는 사람이 실제로 제 눈앞에 있는 신의 밀사라는 사실을 알고 있습니다. 이들은 제가 영 안에서 존재할 수 있는 기회를 주는 거지요. 예를 들어, 한번은 마우이에서 로스앤젤레스 그리고 연이어 뉴욕까지 비행기를 탄 적이 있습니다. 로스앤젤레스까지 가는 비행기 안에서 저는 유명한 영화 〈시카고Chicago〉를 시청했습니다. 이후 뉴욕까지 가는 비행기에서 저는, 놀랍게도 그 영화의 주인공을 만나게 되었지요. 르네ʹ젤위거Renee Zellweger였습니다. 그녀는 무거운 짐을 머리 위

짐칸에 올려놓으려 애쓰고 있었어요. 그 모습은 제게 영감을 주었고, 동시에 그 영감 덕분에 그녀도 도움을 받았습니다. 저는 그녀가 짐을 올리는 걸 도와주고 나서 제 책도 한 권 선물로 주었습니다.

승무원을 비롯해 많은 사람이 그녀에게 다가왔고, 저는 그녀가 대화를 나누는 모든 이에게 보여준 친절함과 인내와 정성과 열정에 영감을 받았습니다. 비행기에서 내리면서 르네는 제게 책과 도움을 준 것에 감사하다는 쪽지를 건넸습니다. 그 후, 영화나 인터뷰에서 르네를 접할 때마다, 자신에게 다가오는 모든 사람을 향해 그녀가 보여준 그 특별하고 부드러운 친절함을 떠올리며 영감을 받곤합니다. 제가 그녀에게 도움을 주었던 순간은 오히려 저스스로에게 준 선물이었습니다. 르네가 유명인사여서가아니라, 제가 영적으로 이중의 보상을 얻을 수 있었으니까요.

감사의 능력

저는 하루도 빠짐없이 일상을 감사하는 표현으로 시작합니다. 매일 면도를 하면서 습관적으로 거울을 들여다보며 말합니다. "감사합니다. 제게 생명과 몸과 가족과 사랑하는 이들과 오늘을 주심에, 타인에게 헌신할 수 있는 기회를 주심에 감사합니다. 감사합니다. 감사합니다. 진정 감사합니다!"

대우받고자 하는 태도로 살지 않고 감사하는 태도를 실천하면 어딜 가든 저절로 영감을 확장하게 됩니다. 감사하는 태도는 당신이 타인보다 우월하다고 여기는 에고의 영향을 없앱니다. 감사하는 태도는 당신을 철저히 겸손하게 하고, 이는 다른 사람들에게 영감을 주지요.

제가 만나고 겪어온, 자기 분야에서 최고의 자리에 오른 사람 대부분이 이런 감사와 겸손을 지녔습니다. 최고 분야의 상과 우승 트로피를 받으며 많은 것을 이룬 사람들은 "우선 신께 감사합니다"라고 합니다. 마치 스스로의 힘으로는 할 수 없었다는 듯이 들리기도 하지요. 그들은 자신이 수상한 것에 그토록 감사하고, 때론 심지어 그 이상입니다. 그들은 연기하고, 노래하고, 글을 쓰고, 경기를 치르거나 혹은 디자인하는 자신보다 더 큰 힘이 우주에 있다는 것을 압니다. 당신도 이런 태도를 견지하기로 선택하면, 타인에게 영감을 줄 수 있습니다. 아주 단순하지 않나요?

다른 한편, 아주 우쭐대는 사람들은 다른 사람들에게 영감을 줄 수 없습니다. 자신을 뽐내며 지나치게 '내가 말이야' 하고 자랑하는 사람을 만나면, 당신은 가능한 한 빨리 그 자리를 피하고 싶겠지요. 허영심, 거만, 자랑은 다 신을 안중에 두지 않는 사람들이 갖는 특징입니다.

감사와 겸손은 당신이 만나고 맞이하는 모든 이에게 당신이 생명보다 더 큰 어떤 것에 연결되어 있다는 신호를 보냅니다. 이것은 지혜로 가득한 책인《케나 우파니샤드Kena Upanishad》의 한 구절을 떠올리게 합니다. "누구의 유산으로 생각을 하는 것인가? 누가 내 육체에 생명을 준 것인가? 누가 혀로 말하게 했는가? 눈이 형태와 색을 알아보게끔 하고, 귀로 듣게끔 하는 빛나는 존재는 누구인가?" 당신이 이런 질문에 답을 안다면, 당신은 타인에게 영감을 주는 존재일 뿐만 아니라, 불멸을 얻은 겁니다.

평화로움은 타인에게 영감을 준다

타인에게 평화롭게 살라고 가르치거나 강요하는 것은 그들을 영적으로 만드는 데 효과가 별로 없습니다. 그러나 당신이 평화롭게 사는 것을 그저 보여준다면, 당신의 존재만으로도 큰 영적인 약을 처방하는 셈입니다.

예를 들어, 제가 처음 스와미 사치다난다Swami Satchidananda
를 만났을 때였습니다. 스와미는 존재만으로 위대한 평화
의 영적 기운을 뿜어냈습니다. 그 옆에 서 있기만 해도 영
적인 기운을 받을 수 있었지요. 그의 마음 한가운데 있는
평화 말고 다른 것은 느끼지 못했습니다. 그날 저는 그의
위대한 책《언어를 넘어Beyond Words》를 샀습니다. 이 책
의 21쪽을 보니 왜 제가 그 옆에 서 있기만 해도 영적인
기운을 느꼈는지 넌지시 알아차릴 수 있었습니다. "누군
가가 제게 '신에 대한 당신의 철학은 무엇입니까?'라고 묻
는다면, 저는 '평화가 저의 신입니다'라고 대답합니다. '그
는 어디에 계신가요?'라고 물으면 저는 대답합니다. '그는
제 안에 계시기도 하고, 또 어디에나 계시기도 하지요. 그
는 모든 평화이시고, 그는 모든 평온이십니다. 그는 누군
가의 안에서도 느껴지기도 하고 경험되기도 하지요."

당신 자신과 평화롭게 지내는 것이, 삶에서 갈등과 대립
을 겪는 걸 피하는 방법입니다. 당신이 평온한 상태에 있
다면, 실제로 식물과 동물을 포함해 모든 사람, 심지어 아
기들에게까지 에너지의 진동을 보내며 영향을 미치게 됩
니다. 그리고 물론 그 반대도 마찬가지지요. 소란스럽고
싸우기 좋아하며 흥청망청 사는 호전적인 사람들은 자기
주위에 악영향을 미치는 에너지를 비언어적으로 내보내
고 있는 셈입니다. 낮은 차원의 에너지를 뿜어내고 평화

롭지 않은 사람들과 함께 있으면 긴장이 고조되고 에너지가 떨어지지요. 그들에게서 떨어져나가고 싶은 충동이 즉각 일어날 겁니다. 상대방의 분노 때문에 화가 나게 되고, 그들의 거만함 때문에 당신도 거만해지는 등 자신이 경험하고 있는 것에 반작용이 일어나게 됩니다.

삶에서 평화를 실천하는 일은 자신이 태어난 곳으로 돌아가는 하나의 방법입니다. 동시에 모든 생명체에 영감을 주는 강력한 힘의 근원이기도 합니다.

감사하는 태도는 당신이 타인보다 우월하다고 여기는 에고의 영향을 없앱니다. 감사하는 태도는 당신을 철저히 겸손하게 하고, 이는 다른 사람들에게 영감을 주지요.

Day 18

내 안의 신성을
보물처럼 여겨라

당신은 신의 형상을 닮은 신성한 피조물입니다. 오늘은
자신만의 고유한 신성을 살펴보고 그 가치를 알아보도록
합시다.

당신은 당신을 창조한 이로부터 결코 분리될 수 없습니
다. 신을 바다로 여기고 당신은 신을 담는 용기로 생각하
세요. 의심이 드는 순간이나 길을 잃거나 혼자라고 느껴
질 때 스스로 신의 그릇임을 기억하세요. 유리잔으로 바
닷물을 뜬다면, 당신이 가진 것은 신의 유리잔입니다. 그
것은 크거나 강하지는 않지만, 여전히 신이 깃들어 있습
니다. 믿기를 거부하지 않는다면, 당신은 신에게서 분리
되었다고 느끼지 않을 겁니다.

풍요로운 대양에서 떨어져 나온 한 방울의 물을 생각해보

세요. 그 물은 그 근원에서 분리되었지요. 하지만 그 근원에서 분리된 물방울은 결국 증발해서 자기의 근원으로 돌아가게 됩니다. 중요한 것은 액체로 있는 동안에 그 물은 자기 근원에서 분리되어 근원의 힘을 잃는다는 겁니다. 이것이 바로 당신의 신성함을 소중히 여겨야 한다는 비밀의 본질입니다.

당신의 생각이 근원에서 멀어져 있는 동안에 당신은 신의 능력, 즉 근원의 능력을 잃어버리게 됩니다. 물방울처럼 당신 또한 형태를 바꾸어 최종적으로 당신의 근원에게로 돌아갈 겁니다. 당신이 신에게서 분리되었다고 느끼는 한, 무한한 당신 근원의 힘을 잃는 거지요. 이 힘은 창조하고, 기적을 일으키며, 살아 있는 기쁨을 주는데도 말입니다. 여기 이 물 한 방울은 신성한 근원에서 분리된 당신의 에고를 상징합니다.

에고란 무엇인가?

당신의 에고는 당신이 가는 곳마다 가지고 다니는 관념에 불과합니다. 그 이상도 이하도 아닙니다. 이 관념은 당신이 갖고 있는 것과 당신이 하고 있는 일, 당신이 누구인가를 모두 합친 것을 말합니다. 에고는 당신이 분리된 존재며, 당신의 성격과 육체가 당신의 본질이라고 줄기차게 주장하지요. 또한 타인과 경쟁해서 한정되어 있는 유한한 몫을 당신이 더 많이 챙겨야 한다고 주장합니다. 그렇기 때문에 에고는 단언합니다. 자신들도 얻을 자격이 있다면서 모든 것을 원하는 타인을 조심하라고 말입니다. 결과적으로 에고는 당신이 항상 경계해야 할 적들이 사방에 있으니 조심해야 한다고 믿게 만듭니다. 당신은 그들과 분리되어 있기 때문에 사기당할 것을 염려해야 하고 그들과의 협력은 꿈도 꾸지 말라면서요. 그 결과 당신은 모든 사람을 불신하게 되지요.

당신의 삶에서 놓치고 있는 모든 것으로부터 당신이 분리되었다고 에고가 속삭입니다. 그러면 당신은 살다가 놓친 것을 쫓는 데 엄청난 에너지를 낭비하게 됩니다. 더군다나 에고를 따라가는 것은 당신의 육체와 성격이기 때문에 당신은 신에게서 분리됩니다. 신은 당신 밖에 존재하게 되며, 당신을 조정하려 드는 외부적인 다른 모든 힘처럼 공포의 존재가 되어버리고 맙니다. 그래서 당신이 가진 것을 낚아채려고 하는 타인의 에고를 물리치기 위해 특별한 힘을 달라고 그 외부의 힘에 매달리게 됩니다.

당신의 에고는 지속적으로 당신을 두렵고, 걱정 많고, 분노하고, 스트레스가 많은 상태로 묶어놓으려고 합니다.

당신 주위의 사람들보다 앞서 나가야 한다고 강하게 몰아 갑니다. 더 열심히 노력하라고, 그리고 신을 당신 편에 서게 만들라고 호소하지요. 간단히 말하면, 신에게서 분리된 상태를 유지해서 당신의 고유한 신성이 두려움에 빠지게 만들려고 합니다.

신성 포용하기

신이 있지 않은 곳은 없습니다. 매일 이것을 기억하세요. 신은 광물 안에서 자고, 식물 안에 쉬며, 동물 안에 걷고, 우리 안에서 생각한다는 말이 있습니다. 신을 사람이 아니라 존재, 즉 씨앗을 싹트게 하고, 별들이 하늘을 가로질러 이동하게 하고, 동시에 당신의 생각을 움직이는 존재로 생각해보세요. 풀을 자라게 하는 동시에 당신의 손톱도 자라게 하는 존재입니다. 이 존재는 어디에나 있습니다. 그러므로 이 존재는 틀림없이 당신 안에도 있습니다! 그리고 어디에나 있다면, 당신 삶 속에서 놓치고 있다고 인식하는 모든 것 속에도 틀림없이 있을 겁니다. 설명할 수 없는 방식으로, 신이라는 우주적이고 전능한 영적 존재로 인해 당신의 삶에 끌어들이고 싶어 하는 모든 것과 연결되어 있습니다.

인도의 위대한 성인의 책을 읽어보았는지 모르겠습니다. 그들은 바로 증명할 수 있는 마법 같은 힘을 가진 것처럼 보입니다. 아픈 자를 낫게 하기도 합니다. 신성한 축복을 내려주십사 신에게 기도도 하고, 자신들이 만나는 모든 이에게 평화를 전하기도 합니다. 한번은 서양에서 온 기자가 한 성자에게 물었습니다. "당신은 신입니까?" 그 성자는 주저 없이 대답했습니다. "네, 그렇습니다." 그 자리에 있던 모든 사람이 매우 놀랐습니다. 잠시 후에 계속 말을 이어가길, "그리고 당신도 그렇습니다. 당신과 나의 차이라면, 나는 알고 있으며 당신은 의심한다는 겁니다"라고 했습니다.

당신은 신의 일부입니다. 신성한 창조물입니다. 있어야 할 바로 그 순간에 인간으로서 존재해 여기에서 빛을 발하는 존재입니다. 언젠가 당신은 정확한 순간에 육신을 떠날 테지요. 그러나 당신은 당신이 바라보는 육체가 아니며, 당신의 성격도 아니고, 소유하거나 성취한 것도 아닙니다. 당신은 사랑받는 그 사람입니다. 기적입니다. 영원한 완전함의 일부입니다. 이 지구에서 살아가는 모든 것과 모든 사람을 지탱하는 신성한 지성의 일부입니다. 세상에서 신성한 지성은 모든 것을 창조하기 때문에, 우연한 사건은 있을 수 없습니다. 당신이 공포, 자기 거부, 불안, 죄책감, 증오를 경험할 때마다, 당신은 신성을 부인

하고 신과의 단절을 확신시킨 교활하고 음흉한 에고의 영향에 굴복하는 겁니다.

율 스탠리 앤더슨U. S. Andersen은 수년 전 영감을 주는 책을 썼습니다.《마법의 세 단어Three magic words》라는 책입니다. 이 책에서는 일반인이 기적을 만드는 사람이 되어 예수에 의해 약속된 이상에 다다르는 능력에 관해 말합니다. "내가 하는 일을 그도 할 것이요. 또한 그보다 큰 일을 하리니." 책의 말미까지 저자는 그 마법의 세 단어를 말하지 않다가 마지막에 이르러 밝힙니다. "You are God(당신이 신이다)." '모든 존재보다 위에 있거나 뛰어난 존재'라는 개념이 아니라, '영원히 당신의 근원에 연결된 존재'라는 개념에서 신을 말합니다. 신은 당신을 결코 포기하지 않고, 마르지 않으며, 영원히 존재하는 사랑의 힘입니다. 언제나 거기에 당신도 포함되어 있음을 잊지 않는다면, 당신은 이 근원에 의존할 수 있습니다.

당신은 신의 일부입니다. 신성한 창조물
입니다. 있어야 할 바로 그 순간에 인간으로서
존재해 여기에서 빛을 발하는 존재입니다.

$\mathcal{Day}$ 19

영적인 근원 신뢰하기

우주에서 항상 작동하고 있는 우리 근원의 조직화된 지성이, 항상 주의를 기울이며 우리에게 모든 축복을 풍성하게 제공하고 있다는 사실을 믿기 바랍니다. 그러나 우리가 볼 수도 없고 만질 수도 없는 근원을 어찌 믿을 수 있을까요? 그것이 우리가 살필 오늘의 주제입니다.

지금까지 어떤 카메라도 해내지 못한 사진을 촬영할 수 있는 카메라가 있다고 상상해보세요. 예를 들어, 콘크리트 벽을 투사해서 벽 뒤에 있는 피사체를 찍을 수 있다든지, 아니면 플래시 없이도 어둠 속에서 찍을 수 있다든지 말입니다. 아마 가장 독창적인 것은, 사람의 생각을 기록할 수 있는 기능의 카메라일 겁니다. 카메라 셔터로 찍는 바로 그 순간에 머릿속에 있는 장면을 찍을 수 있는 카메라 말입니다. 그리고 카메라 패키지 안에는 이 놀라운 장치를 만든 사람과 대화를 나눌 수 있는 초대장이 들어 있습니다. 그 인쇄물에는 그가 자신의 발명품이 만들어내는 놀라운 결과와 함께, 어떻게 작동하는지에 대해 기꺼이 논의할 거라고 적혀 있습니다.

그 기적 같은 장치를 만든 발명가와 당신이 이야기한다고 칩시다. 이때 그가 잊어버렸거나, 해야 했는데 하지 않은 것, 혹은 하지 말았어야 할 것을 가지고 대화를 이어가진 않을 겁니다. 당신 또한 가격이나 판매 방식에 대해 불평하거나, 자신이 더 전문가인 척 아는 체하지도 않을 겁니다. 대신에, 그 새로운 기능이 탑재된 카메라로 작업할 수 있는 능력을 극대화하는 법과 그 카메라가 가진 기능에 대해 가능한 한 즐겁게 이야기할 겁니다.

당신은 볼 수 있고, 만질 수 있고, 사용할 수 있는 것을 만든 발명가에게 다가가려 할 겁니다. 어떻게 그 물건이 존재하게 되었는지 아는 바는 없지만, 경의와 존경과 경외심을 가지고 그가 주는 모든 것을 다 흡수하려고 집중할 겁니다. 이 비유가 딱 들어맞진 않는다면, 당신은 아마 이쯤에서 읽기를 멈추고 깨우침을 주는 전문가를 찾고 싶겠지요!

당신이 최종적으로 당신의 근원이 모든 것을 알고 있다

는 것을 이해하게 될 때, 완전히 에고가 없는 상태에서 영적 소통 단계로 나아갈 수 있습니다. 당신은 무시당하지 않는다는 인식을 가지고 대화를 시작해야 합니다. 신처럼 생각함으로써 모든 것을 아는 수준에 닿을 수 있습니다. 이는 당신의 생각과 행동이 활기차고, 조화로운 상태에서 감사하는 태도로 타인을 생각하며, 당신이 원하는 것을 타인에게 베풂으로써 가능합니다.

이제 당신은 요청하면 받게 된다는 것을 알았으니, 원하는 것을 신에게 요청해야 합니다. 당신이 무엇을 달라고 구걸해야 한다거나 그동안 간과하고 넘어간 것을 생각해보라고 말하는 것이 아닙니다. 진동하는 에너지의 형태가 변하도록 요청하라는 말입니다. 그러니 당신은 현찰을 주십사 하고 요청하는 대신, 신의 풍요로운 도구가 되기를 요청해야 합니다. 당신은 그저 모든 것을 아우르는 영적인 근원인 신에게 당신이 원하는 것을 맞추기만 하면 됩니다.

영적인 근원에 감사하지 못하게 하는 하는 것이라면, 그 어떤 것도 다 불필요한 장애물임을 기억하세요. 누군가 혹은 어떤 단체에서 어떤 진리를 믿으라고 한다고 해서 제대로 검증하지 않고 믿어버리거나 쉽게 의지하지 마세요. 놀랄 만한 것은 예수는 기독교도가 아니었고, 붓다는 불교도가 아니었으며, 모하메드는 이슬람교도가 아니었다는 사실입니다. 이들은 진리의 특사로 여기에 온 영적인 존재였습니다. 그러나 그들의 진리가 조직화되자, 종교 재판으로 자행된 온갖 참상과 대량 학살, 십자군 전쟁, '신'의 이름으로 자행된 전쟁이 일어났었습니다.

말로는 신성한 진리의 존재를 대표한다고 주장하는 이들이 종종 전혀 영적이지 않은 관점에서 행동하기도 합니다. 어느 한 조직이 특정 성격을 지닌 사람이나 집단을 배제할 때, 그들은 실제로 진리를 설교하거나 가르치는 것이 아님을 스스로 선언하는 겁니다. 신은 누구도 배제하지 않습니다. 어떤 종교적인 조직이 만약 누군가를 배제한다면, 그 조직은 신과 연결되어 있지 않은 겁니다. 신은 모든 것을 알고 있습니다. 순수한 신의 깨달음을 경험하지 않는 한, 그 누구도 그렇지 않습니다. 그리고 우리 중에 그러한 존재가 있다면, 그는 극소수로 이루어진 공동체에 소속되어 있을 겁니다.

어느 누구도 당신 존재의 근원과 당신이 교감을 나누는 노력을 방해할 순 없습니다. 어떤 조직이나 지도자, 의식 절차, 사원이나, 어떤 다른 외부의 근원을, 신을 의식하며 만나는 교제의 수단으로 의지해서는 안 됩니다. 대신에, 당신은 고요한 영적 교감의 상태에서 모든 것을 알고 있는 근원에게 다가가야 합니다. 기꺼이 신의 음성을 들으려고 해야 하고 가르침을 받아야 합니다. 그때, 당신은 신에게 당신만의 언어로 말해야 합니다.

"나는 당신이 모든 것을 알고 있으며, 나를 결코 잊은 적이 없다는 것을 압니다. 당신이 모든 것을 알고 있음에 나를 맞추고, 당신의 모든 선함과 평화, 풍요를 내 삶에 끌어들일 수 있는 믿음을 갖기를 바랍니다. 나는 이 믿음이 있는 곳에 머무를 겁니다. 나는 여기에 당신을 섬기기 위해 있기 때문입니다. 당신이 존재하는 모든 것과 당신이 나에게 허락한 모든 것에 감사합니다."

영과 함께 창조하기

명심하길 바랍니다. 당신이 신뢰와 조화의 상태가 아니라면, 당신의 영적인 근원을 포함해 누구와도 함께 창조할 수 없습니다. 에고의 활동을 중지시키고 모든 저항의 생각을 멈춰야만 영감과 완벽한 균형을 이루며 원하는 삶을 창조하는 데 참여할 수 있습니다. 자신의 근원에 대한 믿음으로 교감을 나누면, 무엇을 구하든지 그것은 더 이상 소망이나 희망이 아닐 겁니다. 마치 신의 생각 속에 있는 것처럼, 당신 마음 속에서 현실이 될 겁니다. 그러면 항상 당신을 괴롭혀왔던 에고가 언제 어떻게 다가오든 더 이상 중요한 문제가 아닙니다.

다음과 같이 생각하며 긍정적인 태도를 유지합니다. 예를 들어, '나는 그것을 원해. 그것은 나의 근원과 조화를 이루지' 혹은 '안절부절못할 필요 없어. 결국 그대로 이루어질 거야.' 그러고 나면 당신의 마음은 편히 가라앉고, 당신의 앎에 복종할 수 있습니다. 영적 스승인 어니스트 홈즈Ernest Holmes는 "우리가 복종하는 존재가 곧 우리의 힘이다"라고 말했습니다. '복종'이란 말이 주로 패배와 관련되어 있는 용어라는 것을 압니다. 하지만 신에게 복종할 때는 승자도 패자도 없습니다. 이기고 지는 것에 관한 것이 아니기 때문입니다.

아시다시피, 여기서 할 일은 에고에서 벗어나 진정한 자신에게 기꺼이 돌아가는 겁니다. 그렇게 할 때 영적인 창조자를 만나게 될 것이고, 그 창조자와 함께 같은 진동 속에서 살 수 있는 힘을 갖게 될 겁니다. 당신은, 모든 것을 알고 있고 존재하게 하며 창조하는 힘에 복종하며 연합함으로써 공동 창조자가 될 겁니다. 그 후 앎은 당신의 의심을 대체하고, 신의 뜻으로 항상 채워질 겁니다. 이제 당신은 신의 뜻과 조화를 이룹니다.

신처럼 생각함으로써 모든 것을 아는 수
준에 닿을 수 있습니다. 이는 당신의 생각과 행
동이 활기차고, 조화로운 상태에서 감사하는 태
도로 타인을 생각하며, 당신이 원하는 것을 타
인에게 베풂으로써 가능합니다.

Day 20

나를 약하게 하는 생각들

우리가 가진 모든 생각은 우리를 강하게 하느냐 혹은 약하게 하느냐 하는 관점에 따라 평가될 수 있습니다. 오늘은 우리를 약하게 만드는 생각을 피하는 법에 대해 살펴보기로 합시다.

실제로, 지금 이 순간 당신이 갖고 있는 어떤 생각에 대해 시험해보는 간단한 근육 테스트가 있습니다. 이렇게 해보세요. 당신의 팔을 옆으로 내밉니다. 그리고 당신이 버티는 동안 다른 사람에게 당신의 팔을 아래로 밀도록 시켜보세요.

거짓말하는 것을 생각해보세요. 당신이 진실을 말할 때보다 얼마나 더 약해지는지 관찰해보기 바랍니다. 이것은 감정적으로 반응하게 하는 생각에도 적용될 수 있습니다.

데이비드 호킨스David R. Hawkins는 자신의 저서 《의식 혁명 Power vs. Force》에서 이 방법에 대해 자세히 설명합니다. 생각이 당신을 약하게 혹은 강하게 하는지를 계산하는 법을 보여주기 위해 의식 지도를 제시합니다. 진정한 지혜는 자신의 상대적인 약점과 강점을 파악하기 위해 자신을 항상 지속적으로 관찰하고, 당신을 약하게 하는 생각과 태도에서 벗어날 수 있는 능력입니다. 이런 식으로 당신은 낙관적이고 더 높은 의식 상태를 유지하고, 생각이 모든 신체 기관을 약화시키는 것을 방지합니다. 자신에게 힘을 주는 마음을 사용할 때, 당신의 영을 향상시키고 고양시킬 수 있습니다.

힘Power은 당신을 최고 수준에서 살아갈 수 있도록 격려하고, 연민을 북돋웁니다. 다른 한편, 위력Force은 움직임을 수반합니다. 어떤 것에도 대항하지 않는 힘과는 다릅니다. 위력이 작동할 때는 항상 대항 세력을 만들어냅니다. 그 대항 세력은 끊임없이 에너지를 소비하기 때문에 계속 에너지를 공급해주어야 합니다. 위력은 자비를 갖기보다 비판하고 경쟁하고 타인을 조정하려고 합니다. 예를들어, 운동 경기에서 당신의 생각은 적을 힘으로 제압하는 데 집중하고, 다른 이보다 더 탁월해지려고 하며, 어떤 대가를 치르더라도 경기에서 이기려고 합니다. 이때 당신 신체의 모든 근육 구조는 실제로 약해집니다. 위력이라는 생각은 당신을 약하게 하기 때문입니다.

다른 한편, 운동 경기에서 최고의 기량을 보여주고, 내면의 힘을 최대한 효율적으로 사용하기 위해 에너지를 모으며, 신이 준 자신의 능력을 최대로 존중하는 데 초점을 둔다면, 실제로 자신에게 힘을 줄 수 있습니다. 이와는 반대로 위력을 가진 생각은 대항하기 위한 에너지를 필요로 하고, 그로 인해 당신을 약화시킵니다. 반면, 힘을 가진 생각은 당신의 에너지를 갉아먹는 대항 세력을 만들지 않기 때문에 당신을 강하게 합니다. 힘을 가진 생각은 당신에게 활력을 더해주는데, 이는 당신에게 요구하는 것이 아무것도 없기 때문입니다.

나를 약하게 하는 생각

그저 단순한 생각 하나가 당신 팔의 근육을 약하게 하거나 강하게 한다면, 몸 전체 근육과 장기에 미치는 영향이 어떨지 한번 상상해보세요. 당신의 심장은 근육이어서 당신의 힘을 무력하게 하는 생각에 따라 약해집니다. 당신의 신장, 간, 폐, 대장도 모두 당신의 생각에 영향을 받는 근육으로 둘러싸여 있지요.

우리를 약하게 만드는 생각 중 하나는 수치심입니다. 수치심은 굴욕감을 낳지요. 자신을 용서하는 것이 얼마나 중요한지는 아무리 강조해도 지나치지 않습니다. 과거에 했던 것에 수치심을 지고 산다면, 당신은 신체적으로나 감정적으로나 자신을 약화시키고 있는 겁니다. 마찬가지로, 다른 사람을 변화시키기 위해 당신이 수치심과 굴욕감을 주는 기술을 사용한다면, 그 수치심과 굴욕감이 없어질 때까지 결코 힘을 갖지 못하는 약한 사람을 만들어낼 겁니다. 수치심을 없애기 위해서는 기꺼이 놓아주고, 과거의 행동을 당신이 배워야 하는 교훈으로 여기며, 기도와 명상을 통해 당신의 근원과 다시 연결되고자 하는 의지가 필요합니다.

수치심만이 아니라, 죄책감이나 무관심도 당신을 가장 약하게 만듭니다. 이것들은 비난과 절망의 감정을 만들어내지요. 죄책감에 사로잡혀 살면, 이미 벌어진 일에 사로잡혀 현재의 순간을 다 써버리게 됩니다. 아무리 죄책감을 많이 느낀다고 하더라도 이미 벌어진 일을 돌이킬 수는 없습니다. 과거에 한 행동이 긍정적인 방향에서 무언가를 배울 수 있도록 동기부여를 한다면, 그것은 죄책감이 아닙니다. 과거로부터 배우는 겁니다. 그러나 소위 '실수'라고 부르는 것이 현재의 순간에 널브러져 있다면, 그것은 죄책감입니다. 현재 벌어지고 있는 겁니다.

죄책감에서 자유로워지는 것은 어깨 위에 있는 막중한 무게의 짐을 없애는 것과 같습니다. 죄책감은 당신 자신을 사랑하고 존경하는 생각에 힘을 실어줄 때 사라집니다. 사랑과 존경으로 자신에게 힘을 부여하세요. 완벽해지려는 기준을 없애세요. 당신 삶의 흘러가는 시간을 소중히 하고, 당신을 좌절하게 하고 약하게 하는 생각으로 현재를 소모해버리는 것을 거부하세요. 대신에 당신은 이전의 모습보다 더 나아지겠다고 다짐할 수 있습니다. 이것이 바로 진정한 고귀함입니다.

무관심은 절망을 창조합니다. 당신을 현재의 삶에서 멀어지게 하지요. 무관심의 뿌리는 자기연민self-pity입니다. 따라서 당신은 무관심을 피하기 위해 계속해서 즐거움을 추구할 필요가 있습니다. 당신이 홀로일 때 함께 있는 이를 사랑한다면, 결코 무관심하거나 외로울 수 없습니다. 일상의 모든 순간은 충만한 생명과 연결될 수 있는 무한한 선택지를 제공합니다. 그렇다고 무관심을 피하기 위해 종일 텔레비전이나 라디오를 틀어놓을 필요는 없습니다. 당신은 무한한 잠재력을 지닌 자신만의 고유한 생각을 가지고 있으니까요.

매일 아침 일어나서 무슨 말을 할지 당신은 선택할 수 있습니다. "좋은 아침이에요"이라거나 "활기찬 아침이에요."

항상 선택할 수 있습니다. 따분함과 무관심으로 순간을 채우고 있다면, 그 순간들은 진실로 당신을 신체적으로, 감정적으로, 영적으로 약하게 할 겁니다. 저한테는, 수십 억 기적이 가득 찬 이 경이로운 우주에서 그토록 따분하고 무관심한 생각을 하는 것이 저 자신에 대한 일종의 모욕으로 느껴집니다.

당신을 약하게 하는 또 다른 생각은 두려움과 분노입니다. 이 두 범주의 생각들은 위력을 동반합니다. 위력은 대항 세력을 만들고, 내면에 긴장되고 나약한 분위기를 자아내지요. 두려워할 때, 당신은 사랑에서 멀어집니다. 기억하세요. 성경에 이르기를 "온전한 사랑이 모든 두려움을 내쫓나니"라고 하였습니다. 두려워한다는 것은 원망하고 결국엔 증오하기 시작하는 겁니다. 결국 증오와 두려움의 두 바퀴는 당신 안에서 굴러가게 되고, 언제나 당신을 약하게 만들지요.

두려움을 지닌 상태에서 하는 모든 생각은 당신을 목적에서 멀어지게 하고, 당신을 약하게 만듭니다. 두려움은 당신을 꼼짝 못 하게 얽어매지요. 스스로 두려운 상태에 있다는 것을 알아차리면, 거기서 바로 멈추세요. 그리고 거기에 신을 초대하세요. 다음과 같은 말로 그 두려움을 신에게 넘기세요. "이를 어떻게 다루어야 할지 모르겠습니다. 하지만 저는 당신과 연결되어 있음을 알고 있어요. 당신은 이 우주에서 기적을 베푸는 창조의 힘입니다. 저는 에고를 내려놓고 당신께 넘겨드립니다." 이렇게 해보세요. 사랑으로 가득 찬 더 높은 에너지가 얼마나 빨리 당신의 두려움을 무력화하고 소멸시키는지, 동시에 당신에게 힘을 불어넣는지 알아차리면 깜짝 놀랄 겁니다.

마찬가지로, 분노도 다음과 같은 생각에 대한 감정적인 반응입니다. "나는 세상이 지금 돌아가는 대로가 아니라, 내가 원하는 대로 돌아갔으면 좋겠어. 그래서 화가 나." 분노는 종종 정당화됩니다. 하지만 언제나 당신을 약하게 한다는 걸 명심해야 합니다. 그리고 진정한 지혜는 당신을 약하게 하는 모든 생각을 피하는 것임을 잊지 마시길 바랍니다. 당신은 잘못된 것을 바로잡고자 하면서 또는 더 나은 세상을 만들고자 하면서 화를 낼 필요가 없습니다. 당신이 더 평화로워진다면, 다른 누군가에게 줄 수 있는 평화를 가진 겁니다. 좌절하는 순간, 분노의 방아쇠를 당기지 않을 겁니다. 그 순간, 당신은 더 알아차리게 되어 해결책을 찾도록 박차를 가할 겁니다.

분노를 품은 모든 생각은 사랑에서 멀어지게 하고, 폭력과 복수로 가까이 가게 합니다. 폭력과 복수는 대항 세력을 만들어내는 위력이고, 관계된 모든 사람을 약하게 만

들지요. 수치심, 죄책감, 무관심, 두려움, 분노라는 모든
감정 역시 일종의 에너지입니다. 우주에 있는 모든 것이
진동하는 주파수를 갖고 있기 때문입니다. 당신을 약하게
하는 이런 감정들은 낮고 느린 주파수며, 더 높고 빠른 영
의 에너지를 가지고 올 때만 사라질 수 있습니다.

죄책감은 당신 자신을 사랑하고 존경하는 생각에 힘을 실어줄 때 사라집니다. 사랑과 존경으로 자신에게 힘을 부여하세요. 완벽해지려는 기준을 없애세요.

Day 21

나를 강하게 하는 생각들

당신의 생각은 그저 단순히 생각이 아니라 그에 수반되는
에너지를 갖고 있습니다. 그래서 당신에게 힘을 불어넣는
생각 쪽으로 전환해야 합니다. 낮은 주파수를 뿜어내는
생각으로부터 높은 주파수를 뿜어내는 생각으로 옮긴다
면, 약한 상태에서 강한 상태로 바뀝니다. 타인을 비난할
때 오히려 당신은 약해집니다. 그러나 타인을 사랑하고
신뢰하는 상태로 전환한다면, 당신은 강해집니다. 오늘은
우리를 더 강하게 하는 생각들을 자세히 살펴보고자 합
니다.

당신이 생각하는 것이 무엇이든, 당신이 현실에서 경험한
모든 것의 근원이라는 것을 일단 깨닫기만 하면, 당신은
주어진 순간에 무엇을 생각하는지에 더 많은 주의를 기울
이게 될 겁니다.

수년 전, 엄청난 인기를 끌었던 〈가장 이상한 비밀The Strangest Secret〉이란 오디오 프로그램에서, 얼 나이팅게 일Earl Nightingale은 우리가 하루 종일 생각하는 것이 곧 우리가 된다는 것을 가르쳤습니다. 약해지고 있든 강해지고 있든, 당신의 생각이 당신을 규정하게 됩니다. 행복하든 슬프든, 성공적이든 그렇지 않은 간에 그렇습니다. 모든 것은 당신이 지고 다니는 생각입니다. 행복한 생각은 행복한 분자를 창조합니다. 당신의 건강은 당신이 가진 생각에 따라 규정됩니다. 당신이 감기에 걸리지 않을 거라고 열정적으로 생각해보세요. 그러면 당신의 몸은 당신의 생각에 반응할 겁니다. 기진맥진, 만성 피로, 두통에 대한 생각을 물리치세요. 그러면 당신의 몸은 당신의 생각에 반응할 겁니다.

당신의 마음은 당신의 몸에 건강을 유지하기 위한 화학물질을 만들라고 명령하기도 합니다. 누군가에게 설탕으로 만든 약을 주면서 관절염 약이라고 해보세요. 그러면 그의 몸은 관절염 치료 에너지를 만들어내면서 위약에 반응할 겁니다. 마음은 건강을 만드는 강력한 도구입니다. 또한 신성한 관계, 풍요로움, 사업에서의 조화로움을 만듭니다. 당신의 생각을 당신 인생에 끌어들이고 싶은 것에 집중하고 있다면, 열정적으로 그 생각을 유지한다면, 결국 당신은 의도에 따라 행동하게 될 겁니다. 모든 행동은 생각에서 비롯하기 때문이지요.

더 많이 원할수록 당신은 더 많은 생각의 능력치를 그 바람이 성취되도록 쏟아부을 겁니다. 간절한 생각에 더 집중할수록 사랑의 크기도 더 커질 것이고 성취하기 위한 행동도 따를 겁니다. 그리고 사랑과 연결되는 것이 바로 영성과 영감의 본질이지요. 약한 생각은 의심과 약함을 끌어당기고, 그러면 당신이 하는 모든 노력이 단조롭게 느껴지고 고달프게 될 뿐입니다. 단조롭게 느껴지면 당신은 포기하겠지만, 사랑과 함께하면 당신은 풍요로운 희망을 꿈꿀 수 있습니다.

예를 들어, 저는 글을 쓸 때 지루한 말을 생각하려 해도 생각할 수가 없습니다. 행간을 넘어갈 때조차 저는 제가 하는 일에 사랑과 기쁨을 강렬히 느끼고 있으니까요. 심지어 제가 글을 쓸 때면 제 몸 전체에 온기가 도는 것을 느끼기도 합니다. 제 생각을 전달하고 제가 매일 배우는 것을 표현하고 싶은 마음이 만물의 근원에서 비롯한 영적인 에너지와 맞닿을 정도로 강렬하기 때문입니다. 조언을 구할 때, 제 생각이나 질문은 영으로 나아가고, 제 영은 신적인 근원과 일치됩니다.

에너지인 생각이 영과 조화를 이루면 창조적인 과정이 활성화됩니다. 저는 모든 창조를 지원하는 힘과 완벽히 조화를 이루는 이 모든 흐름을 지켜보는 것을 좋아합니다. 저는 영적으로 일치된 소망의 실현을 현실로 이끌어내기 위해 이 힘이 활성화되는 과정에 참여할 수 있다는 사실을 내면 깊이 알고 있습니다.

'기분이 좋아'를 내면의 만트라로 삼으면, 주변 상황에 관계없이 즐거워하는 자신을 생각하고 상상할 수 있습니다. 원하는 것이 무엇이든 상상했던 것 이상으로 다가오고 있다는 사실을 스스로에게 상기시킬 수 있습니다. 이 생각을 가장 우선시한다면, 머지않아 모든 것을 창조하는 근원이 당신의 생각을 물리적 삶으로 가져오기 위해 계획을 세울 겁니다. 가장 중요한 것은 당신이 생각에 따라 행동하기 시작하고 신의 인도를 받는다는 겁니다.

가장 강력한 힘을 실어주는 생각은 평화, 기쁨, 사랑, 수용, 기꺼이 하고자 하는 의지입니다. 이런 생각들은 대항 세력을 만들지 않습니다. 강하고 즐겁고 사랑하는 생각은 세상을 있는 그대로 받아들이려는 의지에서 비롯됩니다. 그러면 평온함이 싸움을 대신하고, 모든 생명에 대한 경외심이 갈망과 불안을 물리치며, 이해가 경멸을 대체하는 내면의 행복 상태에 도달하게 됩니다. 낙관론자가 됩니다. 잔이 반쯤 비어 있다고 생각하는 대신, 항상 반쯤 가득 차 있다고 생각하는 거지요.

이 모든 것은 자신의 생각을 책임지겠다는 의식적인 결정
에 지나지 않습니다. 인생의 어느 순간에서든, 어떤 생각
을 마음에 둘지 선택하는 권리가 항상 자신에게 있다는
사실을 알아차리세요. 다른 누구도 내 머릿속에 생각을
집어넣을 수 없습니다. 어떤 상황에 처해 있든 그것은 당
신의 선택입니다. 힘을 잃게 하고 약화시키는 생각을 더
높은 영적 주파수의 생각으로 대체하세요.

그렇게 하는 것이 불가능하다거나, 말이 쉽지 실제 하기
는 어렵다는 생각을 당신에게 주입하지 마세요. 당신의
생각은 오로지 당신이 통제할 수 있습니다. 당신은 생각
을 창조하고 선택하는 사람입니다. 의지로 바꿀 수 있습
니다. 신이 주신 유산이자 아무도 가져갈 수 없는 자유입
니다. 당신 동의 없이 그 누구도 당신의 생각을 좌지우지
할 수 없습니다. 그러니 당신을 약하게 만드는 생각을 피
하세요. 그러면 진정한 지혜를 알게 될 겁니다. 당신만이
선택할 수 있습니다!

인생의 어느 순간에서든, 어떤 생각을 마음에 둘지 선택하는 권리가 항상 자신에게 있다는 사실을 알아차리세요. 다른 누구도 내 머릿속에 생각을 집어넣을 수 없습니다.

마치며

저는 경험을 통해, 신을 깨달은 존재 앞에서 물질세계의 법칙이 적용되지 않음을 배웠습니다. 그리고 저는 이 수준의 의식에서 살면서 성공과 내면의 평화를 찾을 수 있는 선택권이 저 자신에게 있다는 것을 알게 되었습니다. 그렇게 할 때, 세상이 바뀌는 것 같습니다. 동물은 생물학적 유전학이 주장하는 것과 다르게 행동하고, 멀리 있는 사람들이 텔레파시를 통해 내 말을 듣고 내 가장 높은 생각에 반응하는 것처럼 보이며, 과학자들이 가능하다고 말하는 것과 다르게 대상이 나타나고, 현대 의학이 말하는 것과는 다르게 치유가 일어나기도 합니다. 즉 기적은 평범한 일처럼 보입니다.

세상은 모든 것이 가능하고, 제약과 제한이 존재하지 않으며, 내 발 아래 펼쳐진 창조주의 힘과 함께 기적 열차에 올라타서 무한한 힘의 증인이 되어달라고 요청하는 곳입니다. 이것이 자기 자신이 영에 일치할 때 느끼는 감정입니다. 극소수만이 깨닫는 무언가를 알고 있기 때문에 내면은 기뻐하고, 외면은 그 기적에 대해 겸손하고 경외심으로 가득하게 됩니다.

저는 어느 한 가지가 잘못되고 있을 때, 열 가지 잘되고 있는 것을 봅니다. 예를 들어, 휴대폰이 고장 났을 때, 나는 매우 건강하고, 가족들과 안전하게 살고 있으며, 바다가 수영하기에 좋을 만큼 잔잔하고, 은행 계좌에 잔액이 충분하며, 집에 전기가 잘 들어오고 있는 등, 헤아릴 수 없이 많은 좋은 것을 생각해볼 수 있습니다. 자동으로 제 관점을 잘못되고 있는 것에서 잘되고 있는 것으로 옮기는 거지요. 이것이 저의 끌어당김의 관점입니다. 그리고 제가 더 주목하고 있는 것을 더 끌어당기고 있습니다. 하지만 이전엔 그렇지 않았습니다. 저는 잘못된 것을 더 많이 끌어당겼는데, 그때 제 관점이 그랬기 때문입니다.

이 멋진 곳에서 바라본 세계가 얼마나 고귀하고 아름다운가요! 저는 더 이상 잘못된 것에 초점을 맞추어 제게로 끌어당기지 않습니다. 관점을 좋은 것과 잘되고 있는 것, 그리고 모든 것을 창조한 영에 일치시켜 맞추는 법을 배웠기 때문입니다.

결과를 바라고 소망하고 심지어 기도하는 대신, 제 내면은 제가 원하는 것이 실현 가능하고 그 길로 가고 있다는 생각과 일치합니다. 이런 영감을 주는 앎은 불안과 걱정에서 벗어나게 해줍니다. 확신합니다. '그것이 내게 오고 있어. 그러니 안달복달할 필요 없어.' 그리고 그것이 제 삶에 도달하는 시간을 알고 있으며, 항상 창조적이며 영적인 근원의 손에 모든 일을 맡깁니다. 저는 더 이상 우주의 창조주에게 의문을 품지 않습니다. 모든 것의 타이밍과 평화를 이루기 때문입니다. 저는 굳이 힘들게 강을 거스르지 않아도 된다는 것과, 제 에고의 시간표가 신의 것과 같아야 한다고 생각하지 않을 만큼 충분히 깨닫게 되었습니다.

제가 여기서 진심으로 함께 나누고 싶은 것은, 우리의 근원과 완전히 조화를 이루는 상태는 성공과 내면의 평화뿐만 아니라 어디에서든 기적을 일으킨다는 사실입니다. 저는 영감으로 충만한 경이로운 광경에서 이 세계를 관찰하고 소통할 때, 전율이 일 만큼 행복한 감동을 느낍니다. 《기적 수업》에서 이 말은 진정 심금을 울렸습니다. "모든 것을 인정해야 한다. 탄생이 시작이 아니며 죽음도 끝이 아니다." 이것이 바로 이 무한한 영적 관점에서 깨닫게 된 앎입니다.

눈에 보이는 대로 아니라 내 마음이 아는 대로 살기로 한 것은 스스로 내린 결정입니다. 그리고 저는 우리 모두 한 우주 안에 존재하며, 그 우주가 창조적이고 조화로운 지능을 지녔음을 압니다. 저를 통해 그리고 신의 의지를 통해 그것이 흘러감을 압니다. 저는 당신이 이 세상에 온 목적대로 삶을 살도록 도울 겁니다. 그 이상의 더 큰 축복은 없으니까요!

당신께 사랑을 보냅니다. 당신의 주변을 빛으로 둘러싸이게 할 겁니다. 내면의 평화와 함께 성공을 누릴 수 있는 곳으로 당신을 초대합니다. 영과 일치되어 살아간다면 누릴 수 있답니다.

웨인 다이어의
인생 수업

1판 1쇄 인쇄 2024. 4. 15.
1판 1쇄 발행 2024. 5. 6.

지은이 웨인 다이어
옮긴이 안선희

발행인 박강휘
편집 태호 디자인 조은아 마케팅 윤준원 홍보 최정은, 송현석
발행처 김영사
등록 1979년 5월 17일(제406-2003-036호)
주소 경기도 파주시 문발로 197(문발동) 우편번호 10881
전화 마케팅부 031)955-3100, 편집부 031)955-3200 | 팩스 031)955-3111

값은 뒤표지에 있습니다.
ISBN 978-89-349-5017-2 04190
        978-89-349-5018-9 (세트)

홈페이지 www.gimmyoung.com   블로그 blog.naver.com/gybook
인스타그램 instagram.com/gimmyoung   이메일 bestbook@gimmyoung.com

좋은 독자가 좋은 책을 만듭니다.
김영사는 독자 여러분의 의견에 항상 귀 기울이고 있습니다.